KB264185

한국 문화가 보이는
동물 이야기 20

한국 문화가 보이는 동물 이야기 20

초판 발행 2020년 3월 20일

지은이   이성희, 방성원
펴낸이   박민우
기획팀   송인성, 김선명, 박종인
편집팀   박우진, 김영주, 김정아, 최미라, 전혜련
관리팀   임선희, 정철호, 김성언, 권주련
펴낸곳   (주)도서출판 하우

주소   서울시 중랑구 망우로68길 48
전화   (02)922-7090
팩스   (02)922-7092
홈페이지 http://www.hawoo.co.kr
e-mail   hawoo@hawoo.co.kr
등록번호 제475호

값 12,000원 (MP3 포함)

ISBN 979-11-90154-49-9 03710

🎧 MP3 다운로드 www.hawoo.co.kr 접속 후 '자료실'에서 다운로드

한국 문화가 보이는 동물 이야기 20

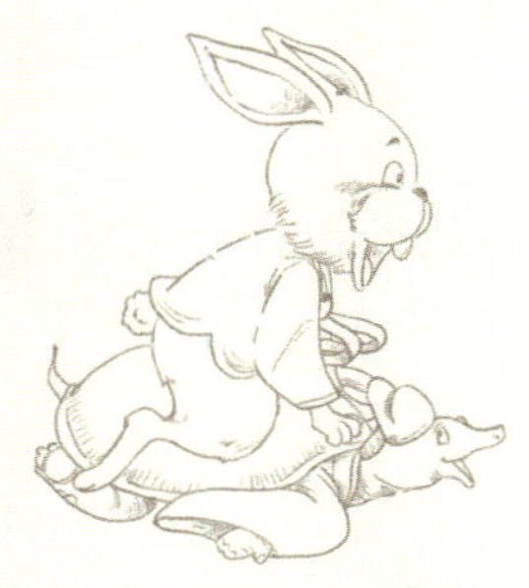

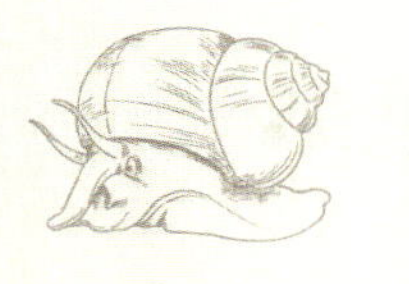

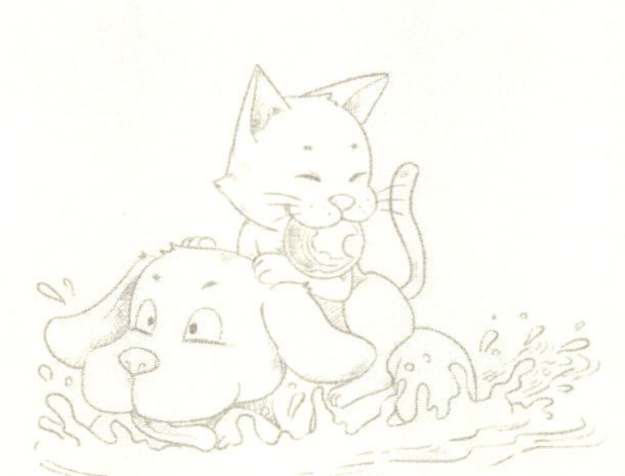

이성희·방성원 지음

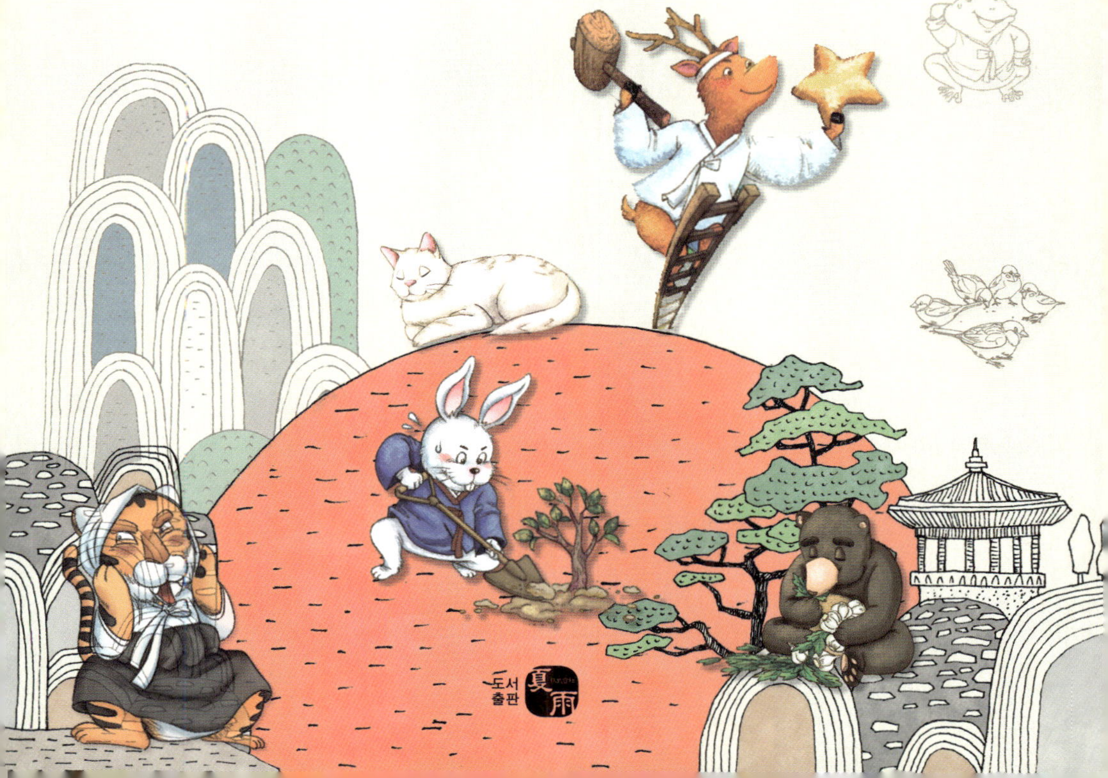

도서출판 夏雨

동물은 오랫동안 우리의 친구였습니다. 동물들이 지금처럼 동물원 갇혀 안에 있지 않고 사람과 함께했던 시절이 있었습니다.

동물이 사람들과 함께하면서 많은 이야기가 생겼습니다. 세상의 시작을 설명해 주는 신화, 비극적인 결말의 전설, 그리고 재미있는 민담까지. 동물 이야기에는 우정, 사랑, 기쁨, 슬픔, 즐거움, 안타까움이 들어 있습니다.

한국에도 많은 동물 이야기가 있습니다. 한국의 건국 신화인 '단군신화'는 사람이 되고 싶었던 호랑이와 곰의 이야기입니다. 곰은 웅녀가 되어 한국인의 어머니가 됩니다. 하지만 사람이 되지 못했던 호랑이도 많은 이야기에서 오랫동안 한국인과 함께해 왔습니다. 한국에서 흔히 보는 참새부터 상상의 동물인 용까지 많은 동물 이야기가 이 책에서 여러분을 기다리고 있습니다.

책 속에는 한국어 중급 수준의 학습자가 읽을 수 있는 한국의 동물 이야기 20편이 담겨 있습니다. 여러 동물의 이야기를 통해 오랜 세월 한국인들이 겪어 온 기쁨과 슬픔을 만날 수 있기를 기대합니다. 동물과 함께하는 우정과 사랑의 이야기를 통해 다양한 한국 문화를 만날 수 있기를 바랍니다. 이야기를 통해 만나는 한국어의 단어와 표현을 통해서 여러분의 한국어 실력이 더욱 성장하게 되기를 바랍니다.

책을 넘기면서 좋아하는 동물이 나오면 그 이야기를 먼저 읽으셔도 좋습니다. 이야기의 구절구절 감동과 사랑의 구름이 숨어 있어 여러분의 마음에 촉촉한 단비가 되어 내렸으면 좋겠습니다. 이 책이 여러분의 삶에 작은 쉼터가 되기를 바랍니다.

한국의 동물 이야기를 통해 여러분을 만나게 되어 반갑습니다.

2020년 3월 이성희·방성원

이 책은 한국의 동물 이야기 20편을 담은 읽기 교재입니다. 한국어 중급 이상이면 읽을 수 있는 수준으로 이야기를 구성하였습니다. 특히 한국 문화에 관심이 많은 학습자들을 위해 동물과 관련된 한국 문화를 다양하게 소개하였습니다.

단원의 흐름은 다음과 같습니다.

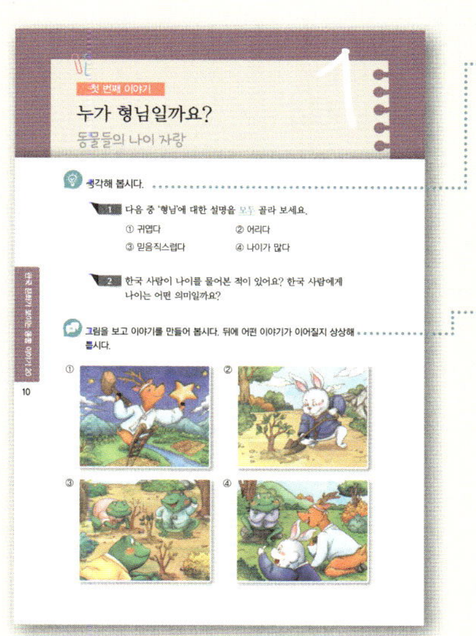

주제 도입

- 핵심 단어를 통해 주제에 접근합니다.
- 이야기에 대한 질문을 통해 주제와 친숙해집니다.

그림 보고 예측하기

- 그림에 이야기의 앞부분이 제시되어 있습니다.
  이야기를 만들어 보고 이어질 내용을 예측해 봅니다.

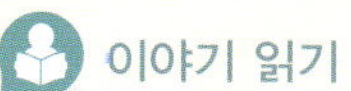

이야기 읽기

- 다양한 동물 이야기를 읽어 봅니다.
  그림을 보면서 읽으면 더 쉽게 이해할 수 있습니다.
- 이야기 듣기가 제공됩니다. 읽은 후에 이야기를 들어 보세요.
- 이야기에 나온 순서대로 새 단어가 제시됩니다. 부록에서 새 단어의 번역을 확인하세요.

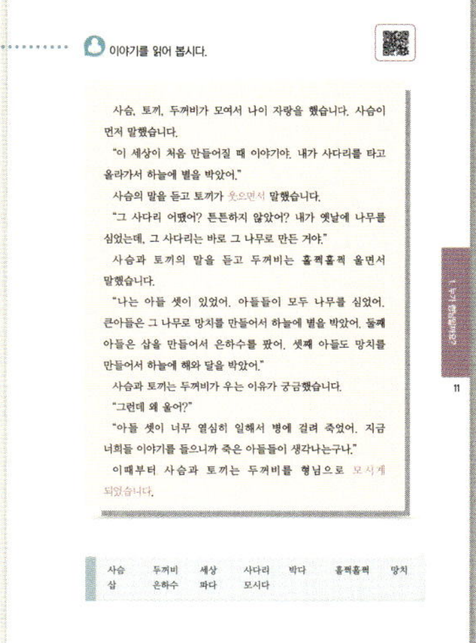

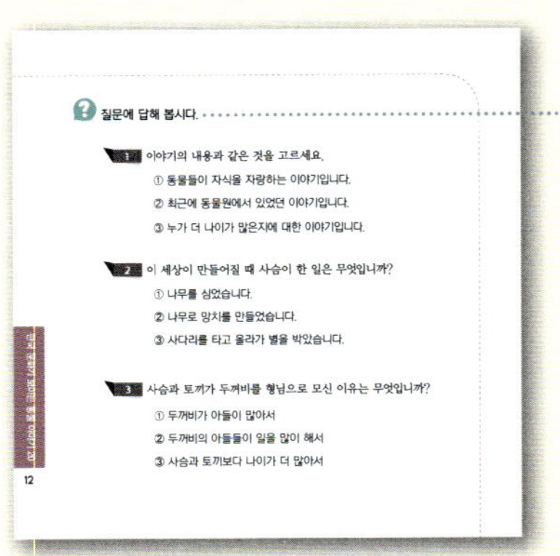

 내용 확인하기

- 질문에 답하면서 이야기의 내용을 맞게 이해했는지 확인합니다.

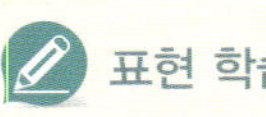 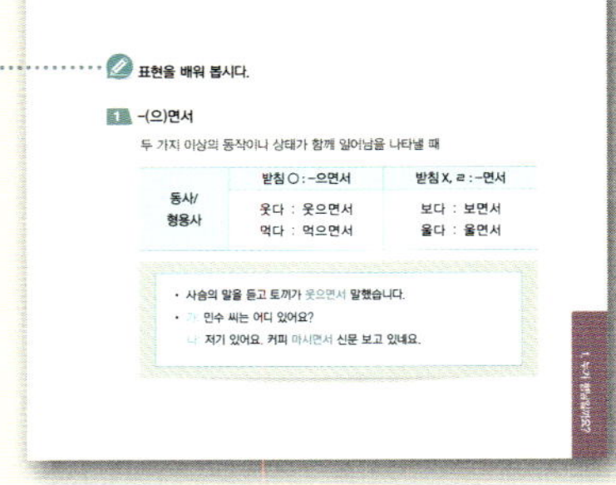

표현 학습

- 이야기에 나온 새로운 표현을 예문과 함께 학습합니다.

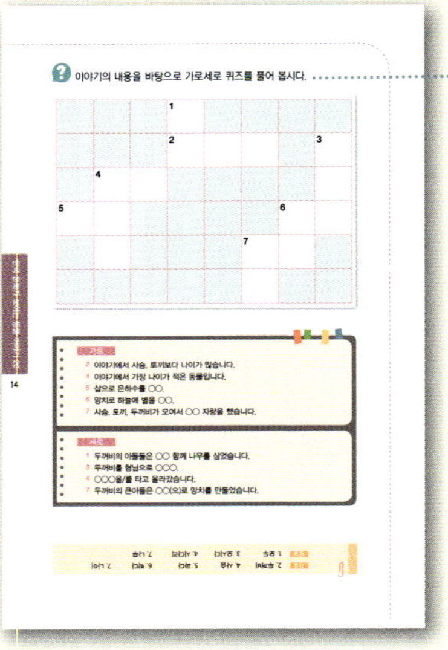

단어 퀴즈

- 이야기 속 단어를 활용한 가로세로 퀴즈입니다.
  퀴즈의 단어를 찾으며 이야기를 다시 읽어 보세요.

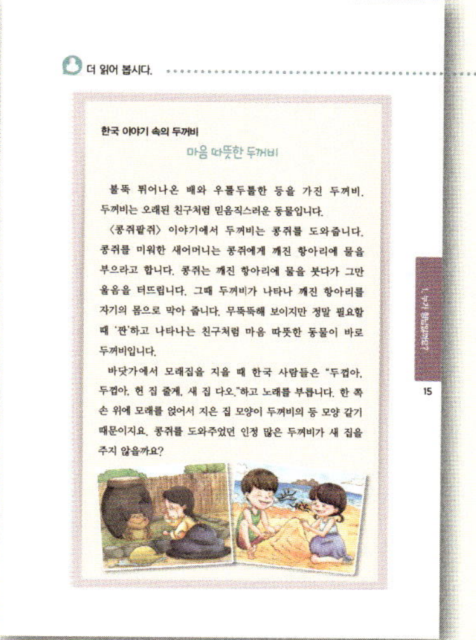

확장 읽기

- 한국 문화 속 동물들의 의미와 상징에 관한 글입니다.
- 단원 주제와 관련하여 확장된 읽기 활동을 할 수 있습니다.

부록

- 책 뒤에 모범 답안과 새 단어가 있습니다.
- 새 단어에는 가나다 순으로 새 단어가 제시됩니다. 단어의 영어/중국어/일본어 번역을 확인할 수 있습니다.

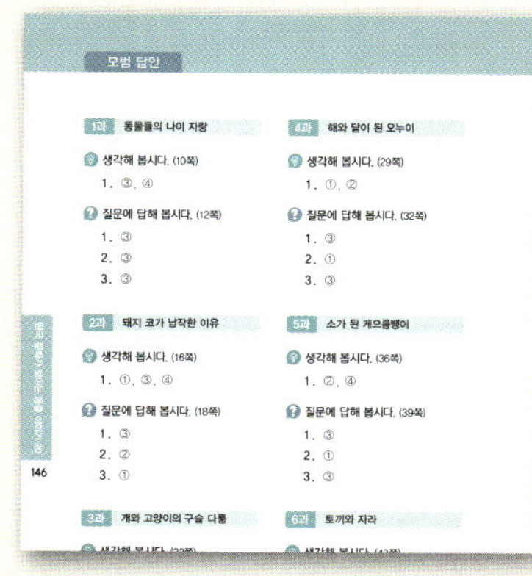

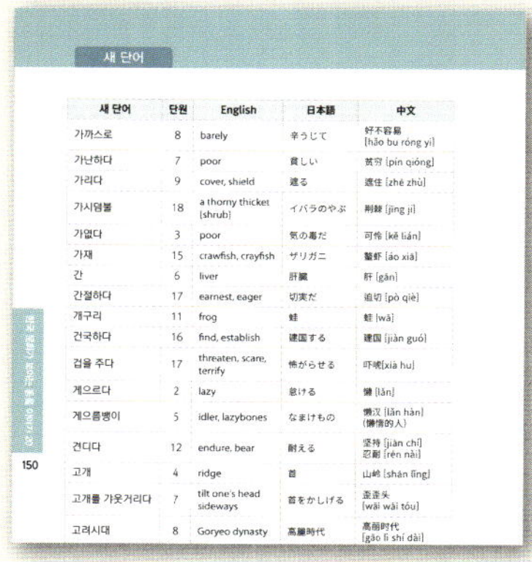

새 단어	단원	English	日本語	中文
가까스로	8	barely	辛うじて	好不容易 [hǎo bu róng yì]
가난하다	7	poor	貧しい	贫穷 [pín qióng]
가리다	9	cover, shield	遮る	遮住 [zhē zhù]
가시덤불	18	a thorny thicket [shrub]	イバラのやぶ	荆棘 [jīng jí]
가엾다	3	poor	気の毒だ	可怜 [kě lián]
가재	15	crawfish, crayfish	ザリガニ	螯虾 [áo xiā]
간	6	liver	肝臓	肝 [gān]
간절하다	17	earnest, eager	切実だ	迫切 [pò qiè]
개구리	11	frog	蛙	蛙 [wā]
건국하다	16	find, establish	建国する	建国 [jiàn guó]
겁을 주다	17	threaten, scare, terrify	怖がらせる	吓唬 [xià hu]
게으르다	2	lazy	怠ける	懒 [lǎn]
게으름뱅이	5	idler, lazybones	なまけもの	懒汉 [lǎn hàn] (懒惰的人)
견디다	12	endure, bear	耐える	坚持 [jiàn chí] 忍耐 [rén nài]
고개	4	ridge	首	山岭 [shān lǐng]
고개를 갸웃거리다	7	tilt one's head sideways	首をかしげる	歪歪头 [wāi wāi tóu]
고려시대	8	Goryeo dynasty	高麗時代	高丽时代 [gāo lì shí dài]

150

9

누가 형님일까요?

동물들의 나이 자랑

 생각해 봅시다.

1 다음 중 '형님'에 대한 설명을 <u>모두</u> 골라 보세요.

① 귀엽다 ② 어리다

③ 믿음직스럽다 ④ 나이가 많다

2 한국 사람이 나이를 물어본 적이 있어요? 한국 사람에게 나이는 어떤 의미일까요?

그림을 보고 이야기를 만들어 봅시다. 뒤에 어떤 이야기가 이어질지 상상해 봅시다.

① 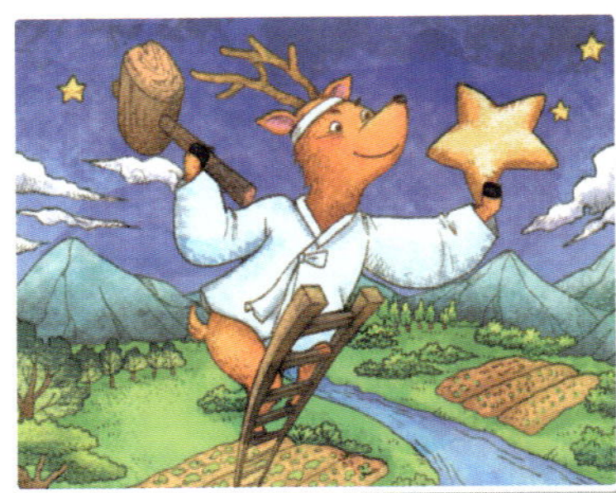

② 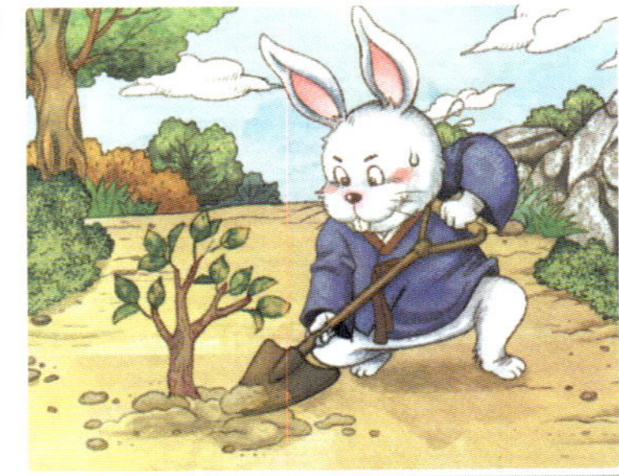

③ 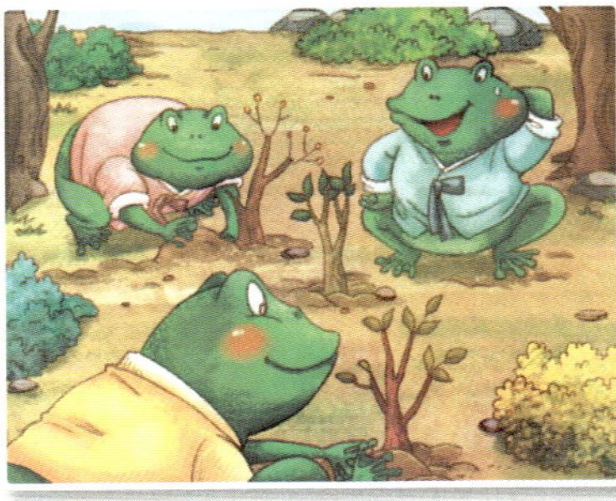

④ 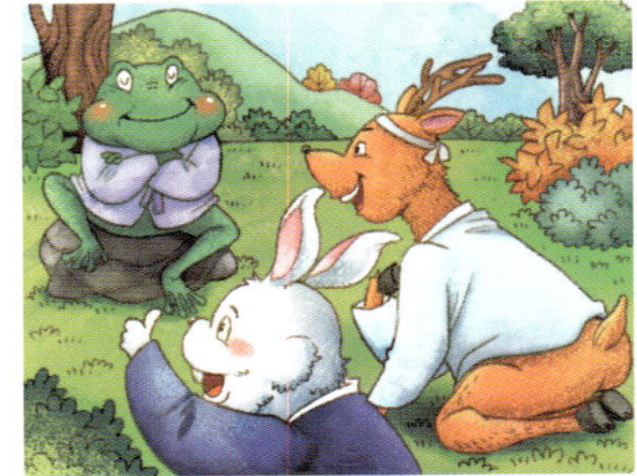

이야기를 읽어 봅시다.

사슴, 토끼, 두꺼비가 모여서 나이 자랑을 했습니다. 사슴이 먼저 말했습니다.

"이 세상이 처음 만들어질 때 이야기야. 내가 사다리를 타고 올라가서 하늘에 별을 박았어."

사슴의 말을 듣고 토끼가 웃으면서 말했습니다.

"그 사다리 어땠어? 튼튼하지 않았어? 내가 옛날에 나무를 심었는데, 그 사다리는 바로 그 나무로 만든 거야."

사슴과 토끼의 말을 듣고 두꺼비는 훌쩍훌쩍 울면서 말했습니다.

"나는 아들 셋이 있었어. 아들들이 모두 나무를 심었어. 큰아들은 그 나무로 망치를 만들어서 하늘에 별을 박았어. 둘째 아들은 삽을 만들어서 은하수를 팠어. 셋째 아들도 망치를 만들어서 하늘에 해와 달을 박았어."

사슴과 토끼는 두꺼비가 우는 이유가 궁금했습니다.

"그런데 왜 울어?"

"아들 셋이 너무 열심히 일해서 병에 걸려 죽었어. 지금 너희들 이야기를 들으니까 죽은 아들들이 생각나는구나."

이때부터 사슴과 토끼는 두꺼비를 형님으로 모시게 되었습니다.

사슴	두꺼비	세상	사다리	박다	훌쩍훌쩍	망치
삽	은하수	파다	모시다			

1 이야기의 내용과 같은 것을 고르세요.

① 동물들이 자식을 자랑하는 이야기입니다.

② 최근에 동물원에서 있었던 이야기입니다.

③ 누가 더 나이가 많은지에 대한 이야기입니다.

2 이 세상이 만들어질 때 사슴이 한 일은 무엇입니까?

① 나무를 심었습니다.

② 나무로 망치를 만들었습니다.

③ 사다리를 타고 올라가 별을 박았습니다.

3 사슴과 토끼가 두꺼비를 형님으로 모신 이유는 무엇입니까?

① 두꺼비가 아들이 많아서

② 두꺼비의 아들들이 일을 많이 해서

③ 사슴과 토끼보다 나이가 더 많아서

 표현을 배워 봅시다.

1 -(으)면서

두 가지 이상의 동작이나 상태가 함께 일어남을 나타낼 때

동사/ 형용사	받침 ○ : -으면서	받침 X, ㄹ : -면서
	웃다 : 웃으면서 먹다 : 먹으면서	보다 : 보면서 울다 : 울면서

- 사슴의 말을 듣고 토끼가 웃으면서 말했습니다.
- 가: 민수 씨는 어디 있어요?

  나: 저기 있어요. 커피 마시면서 신문 보고 있네요.

2 -게 되다

앞의 말이 나타내는 상태나 상황이 됨을 나타낼 때

- 이때부터 사슴과 토끼는 두꺼비를 형님으로 모시게 되었습니다.
- 가: 조엔 씨는 어떻게 한국에 오게 됐어요?

  나: 제가 유튜브(Youtube)에 케이팝(K-pop)을 불러서 올렸는데 인기가 많았어요. 한국 방송국에서 초대장을 보내 줘서 오게 됐어요.

  가: 와, 유튜브 스타였군요!

이야기의 내용을 바탕으로 가로세로 퀴즈를 풀어 봅시다.

가로

2 이야기에서 사슴, 토끼보다 나이가 많습니다.
4 이야기에서 가장 나이가 적은 동물입니다.
5 삽으로 은하수를 ○○.
6 망치로 하늘에 별을 ○○.
7 사슴, 토끼, 두꺼비가 모여서 ○○ 자랑을 했습니다.

세로

1 두꺼비의 아들들은 ○○ 함께 나무를 심었습니다.
3 두꺼비를 형님으로 ○○○.
4 ○○○을/를 타고 올라갔습니다.
7 두꺼비의 큰아들은 ○○(으)로 망치를 만들었습니다.

세로 1. 모두   3. 믿었다   4. 사다리   7. 나무
가로 2. 두꺼비   4. 사슴   5. 푸다   6. 박다   7. 나이

한국 이야기 속의 두꺼비

마음 따뜻한 두꺼비

불뚝 튀어나온 배와 우툴두툴한 등을 가진 두꺼비. 두꺼비는 오래된 친구처럼 믿음직스러운 동물입니다.

〈콩쥐팥쥐〉 이야기에서 두꺼비는 콩쥐를 도와줍니다. 콩쥐를 미워한 새어머니는 콩쥐에게 깨진 항아리에 물을 부으라고 합니다. 콩쥐는 깨진 항아리에 물을 붓다가 그만 울음을 터뜨립니다. 그때 두꺼비가 나타나 깨진 항아리를 자기의 몸으로 막아 줍니다. 무뚝뚝해 보이지만 정말 필요할 때 '짠'하고 나타나는 친구처럼 마음 따뜻한 동물이 바로 두꺼비입니다.

바닷가에서 모래집을 지을 때 한국 사람들은 "두껍아, 두껍아, 헌 집 줄게, 새 집 다오."하고 노래를 부릅니다. 한 쪽 손 위에 모래를 얹어서 지은 집 모양이 두꺼비의 등 모양 같기 때문이지요. 콩쥐를 도와주었던 인정 많은 두꺼비가 새 집을 주지 않을까요?

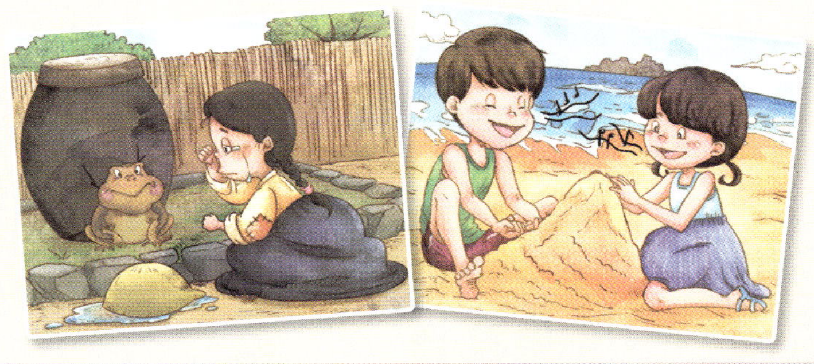

사랑스러운 먹보 '돼지'

돼지 코가 납작한 이유

💡 생각해 봅시다.

1 다음 중 '돼지'에 대한 설명을 <u>모두</u> 골라 보세요.

① 게으르다   ② 지혜롭다

③ 욕심이 많다   ④ 먹을 것을 좋아한다

2 사람을 잘 도와주는 동물에 대한 이야기를 알고 있어요?

💬 그림을 보고 이야기를 만들어 봅시다. 뒤에 어떤 이야기가 이어질지 상상해 봅시다.

①
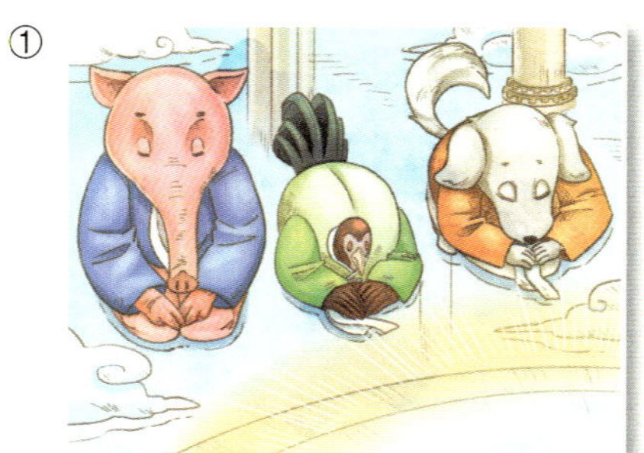

②
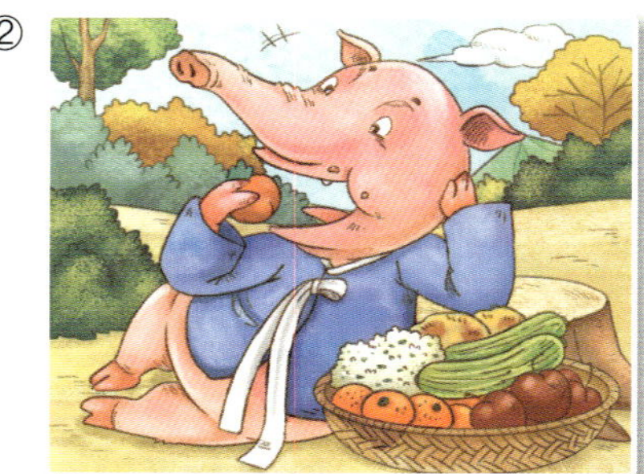

③
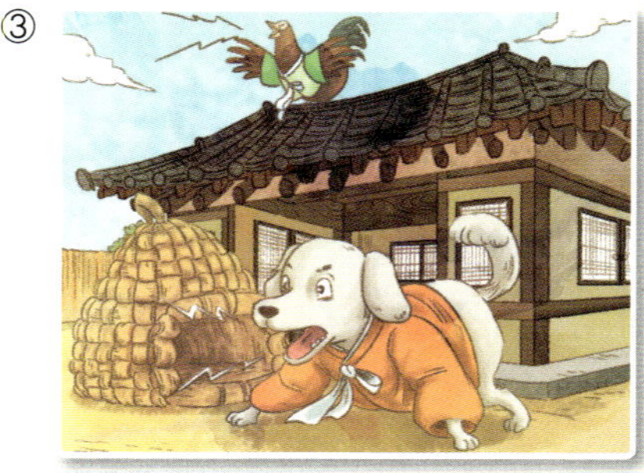

④
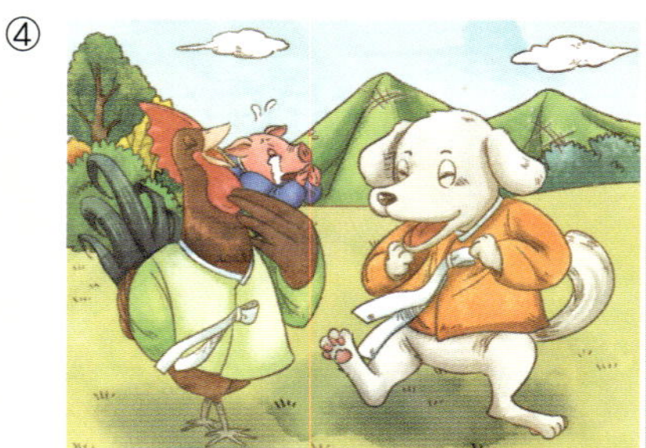

16

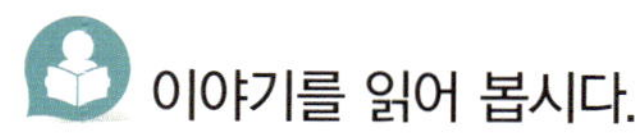 이야기를 읽어 봅시다.

먼 옛날, 돼지는 코가 높았고, 닭은 벼슬이 없었고, 개는 다리가 세 개 있었습니다. 하느님은 돼지, 닭, 개에게 사람들을 도와주면 좋겠다고 했습니다. 그리고 좋은 일을 많이 하면 큰 상을 주겠다고 했습니다.

"흥! 사람들을 도와주는 게 좋은 일이야? 아이, 귀찮아…."

돼지는 일은 안 하고 먹기만 했습니다.

"꼬끼오, 꼬끼오."

부지런한 닭은 아침마다 사람들을 깨웠습니다.

"닭이 깨워 줘서 아침에 일찍 일어나게 되었어."

사람들은 닭에게 고마워했습니다.

개는 닭보다 더 열심히 일해야겠다고 생각했습니다. 개는 낮이나 밤이나 열심히 집을 지켰습니다.

"집을 잘 지켜 줘서 고마워."

사람들은 개를 아주 좋아했습니다.

어느 날 하느님이 돼지, 닭, 개를 하늘로 불렀습니다.

하느님은 닭에게 빨갛고 예쁜 벼슬을 상으로 주었습니다. 개에게는 다리 하나를 더 주었습니다. 개의 다리는 네 개가 되었습니다.

개는 하느님이 주신 다리 하나를 소중하게 생각해서 지금도 소변을 볼 때 다리 하나를 들고 봅니다. 하느님은 게으른 돼지의 코를 납작하게 잘랐습니다. 그래서 돼지 코는 납작해졌습니다.

옛날	벼슬	하느님	꼬끼오	깨우다
낮이나 밤이나	지키다	소변을 보다	게으르다	납작하다

? 질문에 답해 봅시다.

1 이야기의 내용과 같은 것을 고르세요.

① 동물들은 사람들을 도와주지 않았습니다.

② 동물들은 사람들이 사는 곳에 가기 싫어했습니다.

③ 하느님은 동물들에게 좋은 일을 하면 상을 준다고 했습니다.

2 돼지는 사람들에게 무엇을 해 주었습니까?

① 노래를 불러 주었습니다.

② 일은 안 하고 먹기만 했습니다.

③ 놀기만 하고 도와주지 않았습니다.

3 개의 다리는 어떻게 해서 네 개가 되었습니까?

① 집을 열심히 지켜서

② 아침마다 사람들을 깨워 주어서

③ 하느님께 다리 하나를 더 부탁해서

 **표현을 배워 봅시다.**

1 -다고 하다

다른 사람에게서 들은 내용을 전달할 때

형용사	-다고 하다	동사	받침 ○: -는다고 하다	받침 X, ㄹ: -ㄴ다고 하다
	덥다: 덥다고 하다 크다: 크다고 하다		입다: 입는다고 하다 먹다: 먹는다고 하다	오다: 온다고 하다 살다: 산다고 하다

- 하느님은 돼지, 닭, 개에게 사람들을 도와주면 좋겠다고 했습니다. 그리고 좋은 일을 많이 하면 큰 상을 주겠다고 했습니다.
- 가: 이번 주말에 날씨가 좋을까요?

  나: 일기예보에서는 토요일에 날씨가 맑다고 했어요. 밤에만 비가 조금 온다고 했어요.

2 -아/어 줘서 고맙다

도움을 주는 행동에 대해 고마움을 나타낼 때

동사	ㅏ, ㅗ: -아 줘서 고맙다	ㅏ, ㅗ 이외: -어 줘서 고맙다	-하다: 해 줘서 고맙다
	찾다: 찾아 줘서 고맙다 놀다: 놀아 줘서 고맙다	지키다: 지켜 줘서 고맙다 만들다: 만들어 줘서 고맙다	청소하다: 청소해 줘서 고맙다 준비하다: 준비해 줘서 고맙다

- 개는 낮이나 밤이나 열심히 집을 지켰습니다.

  "집을 잘 지켜 줘서 고마워."
- 가: 5월 5일 아침 9시에 서울역에서 출발하기로 했어요.

  나: 네, 알려 주셔서 고맙습니다. 9시까지 가겠습니다.

? 이야기의 내용을 바탕으로 가로세로 퀴즈를 풀어 봅시다.

가로

1 ○○은/는 일은 안 하고 먹기만 했습니다.
4 하느님은 게으른 돼지의 코를 잘랐습니다. 그래서 돼지의 코는 ○○○○
6 부지런한 닭이 아침마다 사람들을 ○○○
7 개에게 하느님이 주신 다리 하나는 아주 ○○○○

세로

2 개는 낮이나 밤이나 열심히 집을 ○○○
3 '부지런하다'의 반대말. 돼지는 일을 안 하고 ○○○○
5 ○○○은/는 닭에게 빨갛고 예쁜 벼슬을 상으로 주었습니다.
7 개는 지금도 ○○을/를 볼 때 다리 하나를 들고 봅니다.

가로 1. 돼지　4. 납작하다　6. 깨운다　7. 소중하다
세로 2. 지킨다　3. 게으르다　5. 하느님　7. 소변

한국 문화 속의 돼지

돼지꿈을 꾸면 복권을 사세요

'꿀꿀꿀꿀'

둥글둥글하고 귀여운 돼지는 복과 행운을 상징합니다.

한국인들은 새로운 일을 시작할 때 상 위에 돼지머리를 올려놓고 빌기도 합니다. 돼지가 복을 불러오고 많은 돈을 벌게 해 줄 거라는 생각 때문이지요. 어린 아이들은 '돼지 저금통'에 용돈을 모읍니다.

돼지 삼겹살은 한국인들에게 사랑받는 회식 메뉴이자 외식 메뉴입니다. 빨갛게 달아오른 숯불에 삼겹살을 구우면 영양 만점 식사가 되지요. 삼겹살뿐만 아니라 제육볶음, 보쌈, 족발, 순대국 등 돼지고기 요리는 언제나 인기 만점입니다.

복을 불러오는 돼지꿈을 꾸면 복권에 당첨될 확률이 높다네요. 돼지꿈을 꾸면 복권을 사세요!

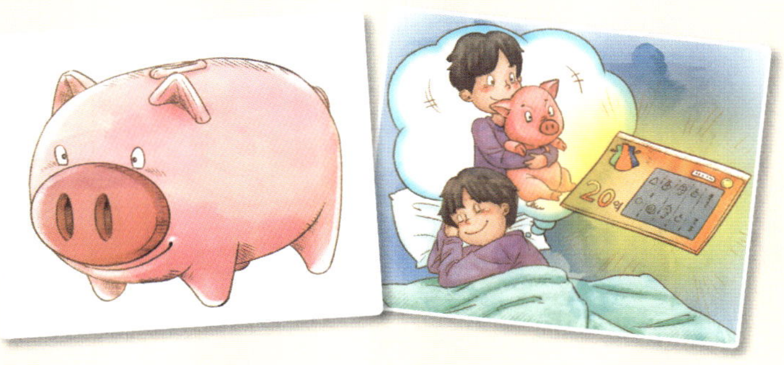

개와 고양이는 왜 사이가 나쁠까?

개와 고양이의 구슬 다툼

🔆 생각해 봅시다.

1 다음 중 '개'에 대한 설명을 <u>모두</u> 골라 보세요.

① 집을 잘 지킨다.　　　　② 쥐를 좋아한다.

③ 주인을 잘 돌본다.　　　④ 고양이와 사이가 좋다.

2 여러분 나라에서 개와 고양이는 사이가 좋아요?

💬 그림을 보고 이야기를 만들어 봅시다. 뒤에 어떤 이야기가 이어질지 상상해 봅시다.

① 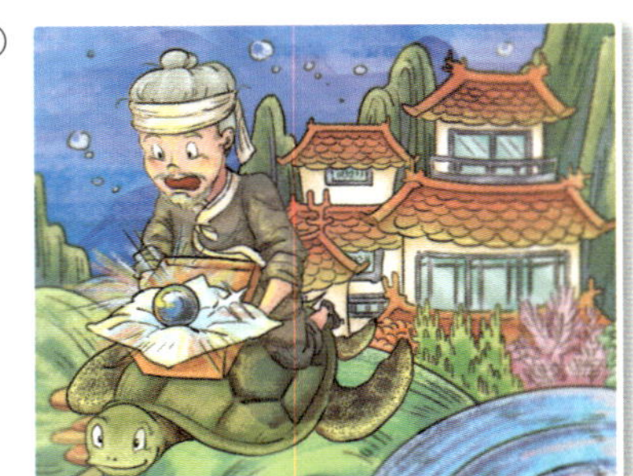

② ③ ④ 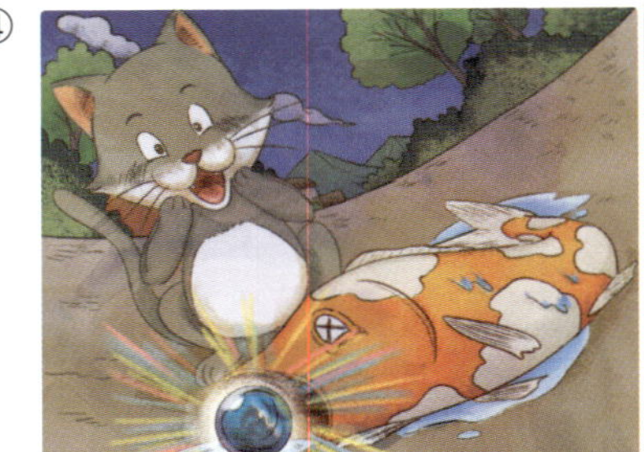

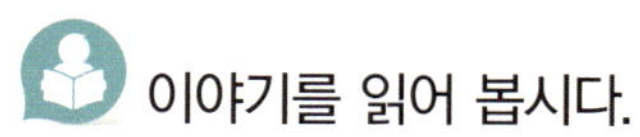 이야기를 읽어 봅시다.

옛날 어느 바닷가에 할아버지와 할머니가 살았습니다. 어느 날 할아버지가 큰 잉어 한 마리를 잡았습니다. 잉어는 눈물을 줄줄 흘렸습니다. 할아버지는 잉어가 가엾어서 바다로 보내 주었습니다. 다음날 할아버지 앞에 멋있게 생긴 소년이 나타났습니다.

"저를 살려 주셔서 정말 고맙습니다. 저는 사실은 용궁의 왕자입니다. 저를 따라오세요."

할아버지는 용궁의 왕자를 따라갔습니다. 용궁에서 맛있는 음식을 많이 먹고 신기한 구슬을 선물로 받았습니다. 구슬을 가져온 후에 할아버지는 큰 부자가 되었습니다. 그 소식을 들은 이웃 마을의 욕심쟁이 할머니가 구슬을 훔쳐갔습니다. 할아버지는 다시 가난해졌습니다.

할아버지 집에는 개와 고양이가 있었습니다. 개와 고양이는 할아버지의 구슬을 찾아드리고 싶었습니다. 그래서 구슬을 찾기 위해서 강 건너 욕심쟁이 할머니 집에 갔습니다. 할머니 집에 도착한 고양이는 쥐들에게 구슬을 찾아오게 했습니다.

"야옹! 나는 구슬을 찾기 위해서 여기에 왔다. 빨리 구슬을 찾아서 내게 가져와라."

고양이를 무서워한 쥐들은 집 안 구석구석을 뒤져서 구슬을 찾았습니다. 개와 고양이는 얼른 구슬을 가지고 욕심쟁이 할머니네 집을 나왔습니다.

개와 고양이는 집으로 돌아가는 길에 강을 건너게 되었습니다. 고양이가 입에 구슬을 물었습니다. 개는 고양이를 등에 업고

강을 건넜습니다. 개는 고양이가 구슬을 잘 가지고 있는지
궁금했습니다.

"야옹아, 구슬 잘 가지고 있니?"

"응."

고양이는 입을 벌릴 수 없어서 짧게 대답했습니다. 한참
있다가 개가 또 물었습니다.

"야옹아, 구슬 잘 가지고 있어?"

"응."

개는 자꾸 걱정이 되어서 또 물었습니다.

"야옹아, 구슬 잘 가지고 있지?"

"그래. 잘 가지고 있어!"

고양이는 입을 크게 벌리고 대답하다가 그만 구슬을 물에
빠뜨렸습니다. 구슬을 잃어버린 개와 고양이는 크게 싸웠습니다.
개는 혼자서 집으로 돌아갔습니다.

고양이는 강가에서 쉬었습니다. 그리고 배가 고파 물고기를
먹었습니다. 그런데 물고기 뱃속에서 잃어버린 구슬이 나왔습니다.
고양이는 얼른 구슬을 할아버지에게 가져다주었습니다.
할아버지와 할머니는 고양이를 예뻐 해서 집 안에서 키웠습니다.
개는 집 밖에 있게 했습니다. 그 후부터 개와 고양이는 사이가
나빠지게 되었습니다.

잉어	줄줄	가엾다	멋있게 생기다	용궁
왕자	신기하다	구슬	욕심쟁이	야옹
구석구석	얼른	벌리다	그만	빠뜨리다

? 질문에 답해 봅시다.

1 할아버지는 용궁에 가서 무엇을 했습니까?

① 소년을 만났습니다.

② 구슬을 선물 받았습니다.

③ 잉어를 많이 잡았습니다.

2 고양이는 왜 구슬을 물에 빠뜨렸습니까?

① 배가 고파서

② 구슬이 너무 커서

③ 개가 자꾸 말을 시켜서

3 개와 고양이가 사이가 나빠지게 된 이유는 무엇입니까?

① 개가 혼자 구슬을 찾아와서

② 구슬을 서로 갖겠다고 싸우다가

③ 고양이는 집 안에, 개는 집 밖에 있게 돼서

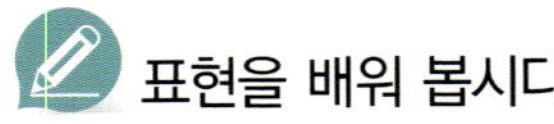 표현을 배워 봅시다.

1 -기 위해서

어떤 일을 하는 목적을 나타낼 때

- 개와 고양이는 할아버지의 구슬을 찾아드리고 싶었습니다. 그래서 구슬을 **찾기 위해서** 강 건너 욕심쟁이 할머니 집에 갔습니다.
- 가: 이번에 민영 씨가 아나운서 시험에 합격했다고 해요. 이야기 들었어요?
  나: 네, 민영 씨가 아나운서가 **되기 위해서** 정말 열심히 공부했어요.

2 -게 하다

남에게 어떤 행동을 하도록 시키거나 허락함을 나타낼 때

- 할머니 집에 도착한 고양이는 쥐들에게 구슬을 **찾아오게 했습니다**. "야옹! 나는 구슬을 찾기 위해서 여기에 왔다. 빨리 구슬을 찾아서 내게 가져와라."
- 가: 우리 애는 아침에 너무 못 일어나서 걱정이에요.
  나: 밤에 휴대폰을 **끄게 하세요**. 그리고 일찍 **자게 하세요**.

❓ 이야기의 내용을 바탕으로 가로세로 퀴즈를 풀어 봅시다.

1				**2**					
		3				**4**	**5**		
							6		
		7							
					8				
		9							

가로

1 할아버지는 용궁의 왕자를 살려 주고 신기한 ○○을/를 선물로 받았습니다.

4 할아버지가 큰 잉어 한 마리를 잡았습니다. 잉어는 ○○을/를 줄줄 흘렸습니다.

6 ○○○은/는 '야옹'하고 소리를 냅니다.

7 할아버지가 잡은 잉어는 슬프게 울었습니다. 잉어가 너무 ○○○.

9 구슬을 가져온 후에 할아버지는 큰 부자가 되었습니다. 그 구슬은 ○○○○.

세로

1 쥐들은 집 안 ○○○○을/를 뒤져서 구슬을 찾았습니다.

2 개의 질문에 대답하다가 고양이는 그만 구슬을 물에 ○○○○.

3 바다 근처. 옛날 어느 ○○○에 할아버지와 할머니가 살았습니다.

5 고양이가 강가에서 ○○○을/를 먹었습니다. ○○○ 뱃속에서 잃어버린 구슬이 나왔습니다.

8 고양이가 대답하려고 입을 크게 ○○○.

한국 문화 속의 고양이

고양이를 사랑한 집사

도도하고 까칠한 매력이 있는 고양이는 한국 사람들이 사랑하는 반려동물입니다. 사람을 잘 따르는 개에 비해 고양이는 성품이 까다롭습니다. 고양이를 키우는 사람들은 고양이의 취향을 맞추기 위해 많이 노력해야 합니다. 그래서 고양이를 키우는 사람을 '고양이 집사'라고 부르기도 합니다. 고양이의 시중을 드는 사람이라는 뜻이지요.

고양이와 쥐의 관계 때문에 생겨난 표현이 있습니다. '고양이 죽은 데 쥐 눈물만큼'이라는 말입니다. 고양이가 죽으면 쥐가 슬퍼할 이유가 없기 때문에 아주 적은 양을 과장해서 사용하는 표현입니다. '고양이 쥐 생각한다'는 말은 마음에 없으면서 남을 위하는 척 하는 것을 가리킵니다.

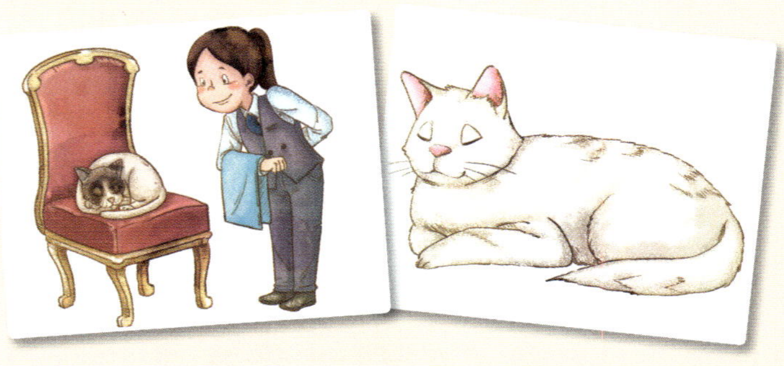

어리석은 호랑이
해와 달이 된 오누이

 생각해 봅시다.

1 다음 중 '호랑이'에 대한 설명을 <u>모두</u> 골라 보세요.

① 무섭다 ② 힘이 세다

③ 똑똑하다 ④ 게으르다

2 사람을 잡아먹는 동물에 대한 이야기를 알고 있어요?

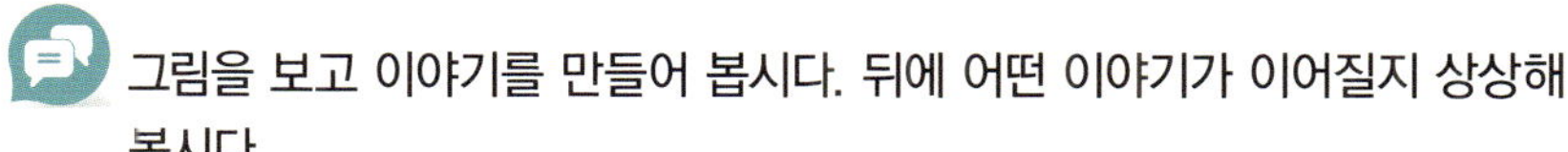 그림을 보고 이야기를 만들어 봅시다. 뒤에 어떤 이야기가 이어질지 상상해 봅시다.

① 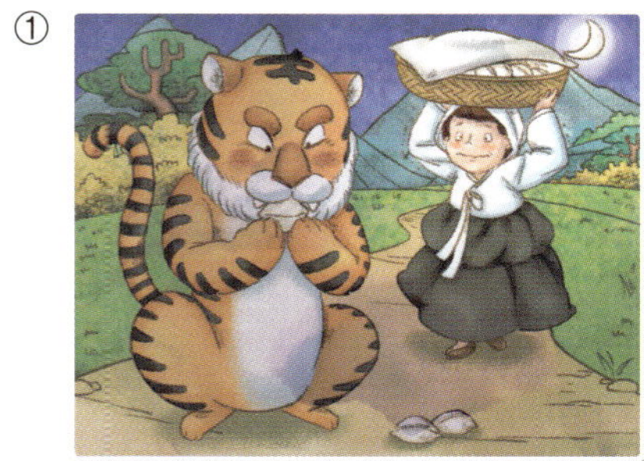

② 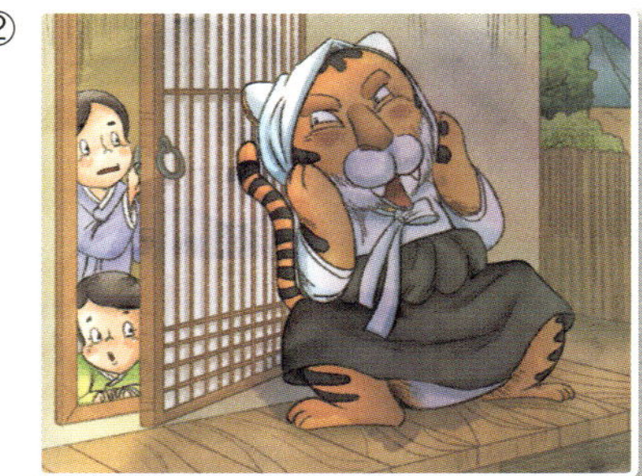

③ 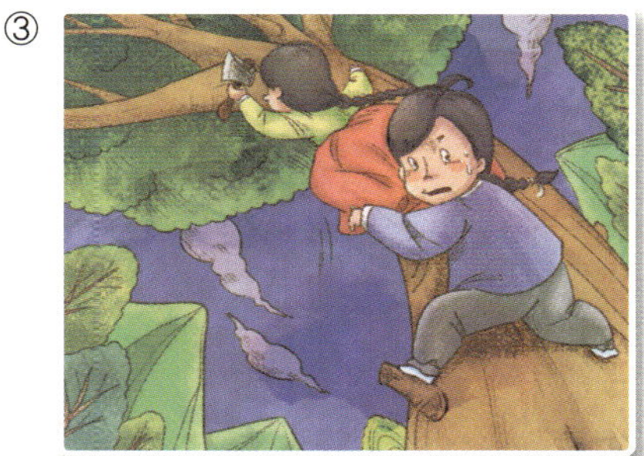

④ 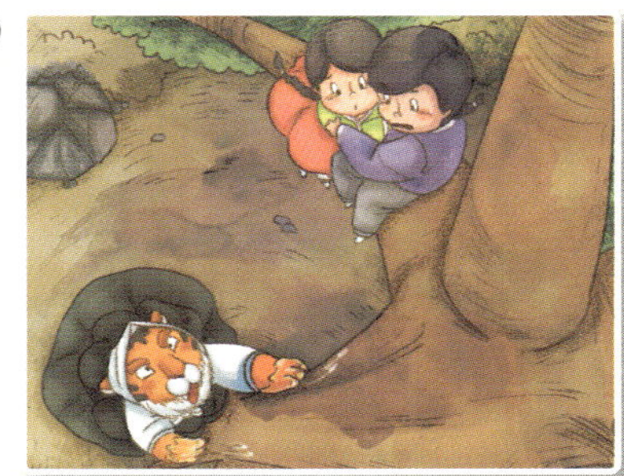

29

옛날에 어린 남매가 어머니와 함께 깊은 산속에 살고 있었어요. 하루는 어머니가 떡을 가지고 산길을 걸어갔어요. 그때 갑자기 호랑이가 나타났어요.

"떡 하나 주면 안 잡아먹지."

어머니는 호랑이가 무서워 떡을 하나 주었어요.

한 고개를 넘었어요. 호랑이가 또 나타났어요.

"떡 하나 주면 안 잡아먹지."

고개를 넘을 때마다 호랑이가 나타나 떡을 뺏어 먹었어요. 결국 어머니는 떡을 호랑이한테 모두 주었어요. 한 고개를 넘었어요. 또 호랑이가 나타났어요.

"떡 하나 주면 안 잡아먹지."

어머니는 울면서 말했어요.

"이제 떡이 하나도 없어요."

호랑이가 어머니를 잡아먹었어요. 그리고 어머니의 옷을 뺏어 입었어요. 호랑이는 깊은 산속 아이들이 있는 집으로 가서 어머니처럼 말했어요.

"얘들아, 엄마 왔다. 문 열어라."

엄마 목소리에 반갑게 문을 연 아이들은 무서운 호랑이를 보고 놀라서 도망갔어요.

"어흥! 거기 서!"

오빠와 여동생은 뒷문을 열고 나무 위에 올라가려고 했어요. 하지만 나무가 미끄러워서 올라갈 수 없었어요. 아이들은 도끼를 가지고 나무를 찍으면서 올라갔어요.

호랑이도 나무 위로 올라가려고 했어요. 하지만 나무가 미끄러워서 잘 올라갈 수 없었어요.

"얘들아, 너희들은 어떻게 나무에 올라갔니?"

여동생은 호랑이가 올라오지 못하게 하려고 얼른 대답했어요.

"나무에 참기름을 바르면서 올라왔지."

호랑이는 여동생의 말을 믿고 참기름을 바르면서 나무에 올라갔어요. 호랑이는 자꾸 미끄러졌어요. 그래도 아이들은 호랑이가 나무 위로 올라올 것 같아서 걱정이 되었어요.

오빠와 여동생은 울면서 하느님께 빌었어요.

"하느님, 저희에게 밧줄을 내려 주세요."

하늘에서 튼튼한 밧줄이 내려왔어요. 오빠와 여동생은 밧줄을 타고 하늘로 올라갔어요. 호랑이도 빌었어요.

"하느님, 밧줄을 내려 주세요."

하늘에서 썩은 밧줄이 내려왔어요. 호랑이는 밧줄을 타고 하늘로 올라갔어요. 그런데 밧줄이 끊어졌어요. 호랑이는 그만 땅에 떨어지고 말았어요. 호랑이는 수숫대 위에 떨어졌어요. 수숫대는 호랑이의 피로 빨갛게 물들었어요. 그래서 지금도 수숫대는 빨간 색이에요.

하늘로 올라간 여동생은 해가 되고 오빠는 달이 되었어요.

남매	산속	고개	뺏다	어흥
미끄럽다	도끼	찍다	참기름	미끄러지다
밧줄	빌다	썩다	끊어지다	수숫대
물들다				

? 질문에 답해 봅시다.

1 호랑이는 왜 어머니를 잡아먹었습니까?

① 아이들을 잡아먹기 위해서

② 어머니의 옷을 입고 싶어서

③ 어머니의 떡을 다 뺏어 먹어서

2 호랑이는 왜 나무에 올라갈 수 없었습니까?

① 나무가 미끄러워서

② 밧줄이 내려오지 않아서

③ 못 올라오게 여동생이 밀어서

3 하늘로 올라간 남매는 무엇이 되었습니까?

① 호랑이가 되었습니다.

② 수숫대가 되었습니다.

③ 해와 달이 되었습니다.

 **표현을 배워 봅시다.**

1 –(으)면

뒤에 오는 말에 대한 조건이 됨을 나타낼 때

동사/ 형용사	받침 ○: –으면	받침 X, ㄹ: –면
	웃다: 웃으면 먹다: 먹으면	주다: 주면 달다: 달면

- "떡 하나 **주면** 안 잡아먹지."

  어머니는 호랑이가 무서워 떡을 하나 주었어요.
- 가: 커피 드릴까요?

  나: 아니요. 저는 오후에 커피를 **마시면** 밤에 잠을 못 자요.

2 처럼

앞의 명사와 상태나 행동이 비슷하거나 같음을 나타낼 때

- 호랑이는 깊은 산속 아이들이 있는 집으로 가서 **어머니처럼** 말했어요.

  "얘들아, 엄마 왔다. 문 열어라."
- 가: 엄마랑 딸 사이가 참 가까워 보여요.

  나: 네, 저는 딸이랑 **친구처럼** 지내요.

 이야기의 내용을 바탕으로 가로세로 퀴즈를 풀어 봅시다.

정답

가로: 1. 미끄럽다　3. 도끼　4. 떨어지다　6. 찍다　7. 빌다

세로: 1. 미끄라지다　2. 물들다　3. 도망가다　5. 아웅

한국 문화 속의 호랑이

무섭지만 귀여운 호랑이

큰 몸과 무시무시한 이빨을 가진 동물의 왕 호랑이. 이야기에서 호랑이는 무섭기도 하지만 약간 바보스럽기도 한 동물입니다. '해와 달이 된 오누이'에서 호랑이는 여동생의 말에 속아 넘어가 참기름을 바르고 나무에 올라갑니다. 동물의 왕이지만 잘 속기도 하는 호랑이, 어때요? 매력 있나요?

국토의 75% 이상이 산으로 이루어진 한국에는 옛날부터 호랑이가 많이 살았습니다. 그래서 "한국 사람들은 일 년의 반은 호랑이를 잡으러 다니고 일 년의 반은 호랑이에게 잡아먹힌 사람 문상하러 간다."는 말이 있었습니다. 사람을 잡아먹는 호랑이를 잡아야 살아남을 수 있었는데 호랑이에게 잡아먹힌 사람이 많았다는 거지요. 그래서 '호랑이에게 물려 가도 정신만 차리면 산다'는 속담도 있습니다.

1988년 서울 하계올림픽에서는 귀여운 호돌이가 마스코트였습니다. 이제 한국인의 마음속에는 무서운 호랑이보다 귀여운 호랑이가 더 크게 자리 잡고 있는 것 같습니다.

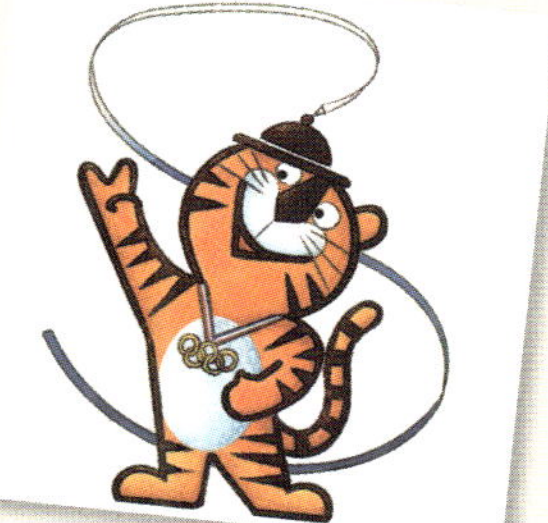

한국인의 사랑 '소'

소가 된 게으름뱅이

 생각해 봅시다.

1 한국 사람들에게 '소'는 어떤 동물일까요? 알맞은 것을 <u>모두</u> 골라 보세요.

① 게으르다　　　　　　② 부지런하다

③ 영리하다　　　　　　④ 고생하다

2 사람이 동물로 변하는 이야기를 알고 있어요? 그 동물은 어떤 동물이에요?

그림을 보고 이야기를 만들어 봅시다. 뒤에 어떤 이야기가 이어질지 상상해 봅시다.

① 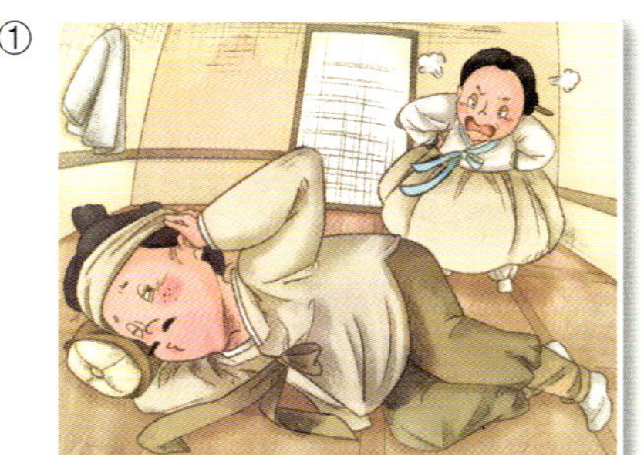

② 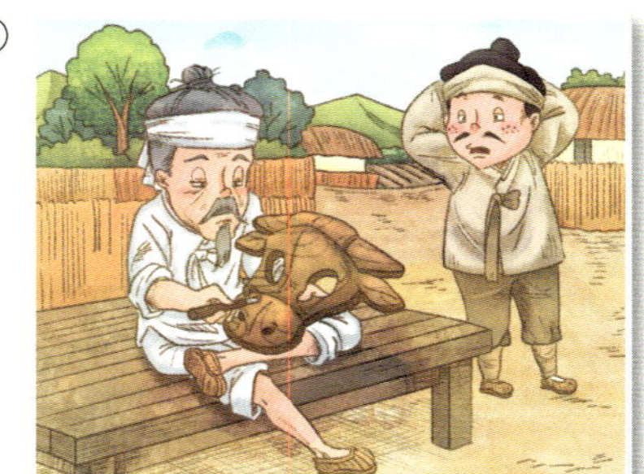

③ 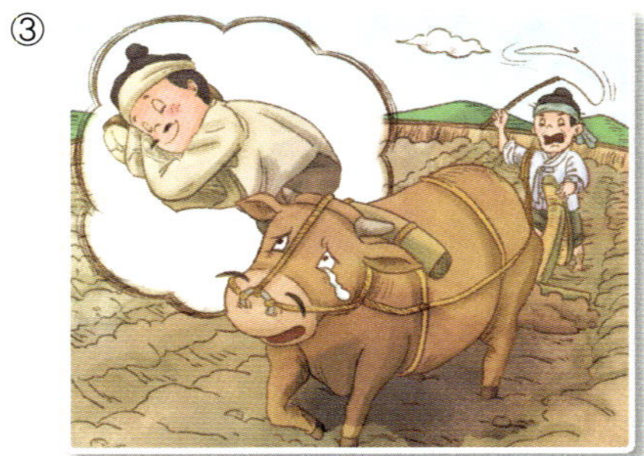

④ 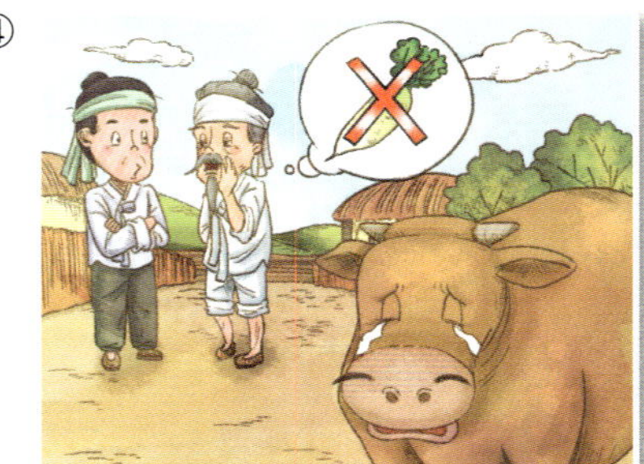

옛날 어느 마을에 게으름뱅이가 살았어요. 일은 하지 않고 매일 놀기만 했어요.

"난 일하기 싫어!"

게으름뱅이의 아내는 더 이상 참을 수 없어서 화를 냈어요.

"그렇게 일하기 싫어하면 어떻게 먹고 살겠어요! 밭에 나가서 일 좀 하세요!"

게으름뱅이는 아내의 잔소리를 듣고 싶지 않았어요.

"집을 나가서 편하게 지낼 수 있는 곳을 찾아봐야겠어."

게으름뱅이는 일하기 싫고 아내의 잔소리도 듣기 싫어서 집을 나왔어요.

한 노인이 집 앞에서 나무를 깎아서 탈을 만들고 있었어요.

"할아버지, 뭘 만드세요?"

"소머리 탈이야. 일하기 싫어하는 사람이 이걸 쓰면 좋은 일이 생겨."

"정말요? 제가 한번 써 볼게요."

게으름뱅이는 노인의 이야기를 듣고 탈을 머리에 썼어요.

소머리 탈을 쓴 게으름뱅이는 너무 답답해서 소리를 질렀어요. 그런데 게으름뱅이의 입에서 '음매, 음매'하고 소의 울음소리가 났어요.

"이 게으른 소야. 어서 일하러 가자."

노인은 소를 밭으로 데리고 갔어요. 그리고 힘든 일을 계속 시켰어요.

게으름뱅이는 소리쳤어요.

"저는 소가 아니고 사람이에요. 제발 좀 살려 주세요."

하지만 '음매, 음매'하고 소의 울음소리만 들렸어요.

소가 된 게으름뱅이는 날마다 밭에서 일만 했어요.

'어휴, 내가 왜 그동안 일을 안 하고 놀기만 했을까?'

소가 된 게으름뱅이는 눈물을 흘리면서 후회했어요.

어느 날 노인은 소를 팔게 되었어요. 노인은 소를 사는 사람에게 말했어요.

"소한테 무를 먹이면 안 돼요. 그러면 소가 죽어요."

오랫동안 소로 살면서 고생한 게으름뱅이는 죽는 것이 낫겠다고 생각했어요. 노인의 이야기를 생각하면서 무 밭으로 가서 무를 먹었어요. 그런데 무를 먹으니까 소의 탈이 벗겨지고 다시 사람이 되었어요. 게으름뱅이는 정말 기뻤어요. 그 후 집으로 돌아가서 열심히 일하면서 부지런하게 살았습니다.

게으름뱅이	참다	밭	잔소리
탈	소머리	소리를 지르다	음매
울음소리	후회하다	무	벗겨지다

? 질문에 답해 봅시다.

1 이야기의 내용과 **다른** 것을 고르세요.

① 게으름뱅이는 일하지 않고 놀기만 했습니다.

② 아내는 게으른 남편 때문에 화가 났습니다.

③ 농부는 노인에게 게으른 소를 팔았습니다.

2 게으름뱅이는 언제 소가 되었습니까?

① 소의 탈을 쓴 후에

② 소의 울음소리를 들은 후에

③ 하루 종일 밭에서 일한 후에

3 다시 사람이 된 후에 게으름뱅이는 어떻게 살았습니까?

① 후회하면서

② 눈물을 흘리면서

③ 열심히 일하면서

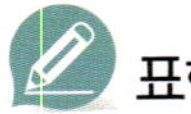 **표현을 배워 봅시다.**

1 −아/어야겠다

어떤 행동을 할 것이라는 의지를 강하게 나타낼 때

	ㅏ, ㅗ: −아야겠다	ㅏ, ㅗ 이외: −어야겠다	−하다: 해야겠다
동사	찾다: 찾아야겠다 보다: 봐야겠다	읽다: 읽어야겠다 주다: 줘야겠다	일하다: 일해야겠다 사과하다: 사과해야겠다

- 집을 나가서 편하게 지낼 수 있는 곳을 **찾아봐야겠어**.
- 가: 교통 카드 없어요? 한국에서는 버스 탈 때 교통 카드를 쓰면 아주 편해요.
- 나: 맞아요. 저도 빨리 교통 카드를 **만들어야겠어요**.

2 '−(으)면 안 되다'

어떤 행동을 하지 못하게 할 때 또는 어떤 상태가 되는 것을 금지할 때

	받침 ○: −으면 안 되다	받침 ×, ㄹ: −면 안 되다
동사/형용사	웃다: 웃으면 안 되다 받다: 받으면 안 되다	가다: 가면 안 되다 울다: 울면 안 되다

- 소한테 무를 **먹이면 안 돼요**. 그러면 소가 죽어요.
- 가: 지금 휴대전화를 켜도 돼요?
- 나: 안 돼요. 비행기 출발할 때 휴대전화를 **사용하면 안 돼요**.

이야기의 내용을 바탕으로 가로세로 퀴즈를 풀어 봅시다.

가로

3 ○○○ 탈을 쓴 게으름뱅이는 소가 되어 일만 했습니다.

4 소가 된 게으름뱅이는 답답해서 소리를 질렀지만 '음매, 음매'하고 소의 ○○○○만 났습니다.

6 게으름뱅이의 아내도 화를 냈어요. 더 이상 못 ○○.

7 일은 하지 않고 매일 놀기만 하는 사람. "부지런한 사람"의 반대말.

세로

1 남자는 "일 좀 하세요."라는 아내의 ○○○을/를 듣고 싶지 않았어요.

2 소가 된 게으름뱅이는 그동안 일을 안 하고 놀기만 한 것을 ○○○○.

5 소의 울음소리

8 게으름뱅이는 '소한테 무를 먹이면 안 돼요.'라는 노인의 ○○○을/를 생각하면서 무 밭으로 갔습니다.

한국 문화 속의 소

느릿느릿 정이 가는 동물

불고기, 갈비, 설렁탕, 육개장……. 소고기로 만드는 한국 음식입니다. 지글지글, 보글보글 맛있는 냄새가 나지요? 소고기 음식으로 말하자면 전 세계 사람들이 사랑하는 햄버거, 바비큐도 빼놓을 수 없지요.

큰 몸집에 순한 눈을 한 소는 예전부터 한국인이 아끼는 동물입니다. 농사를 지었던 한국에서 소는 큰 재산이었습니다. 밭을 가는 데 소가 꼭 필요했기 때문이지요. 농사짓는 집에는 소가 한 마리씩 있었습니다.

소를 집 안에서 키웠기 때문에 소와 관련된 속담도 많이 있습니다. '소 잃고 외양간 고친다.'는 어떤 일이 벌어지고 나서 후회한다는 뜻입니다. '소같이 벌어서 쥐같이 먹어라.'는 소처럼 열심히 일해서 쥐처럼 아껴 먹으라는 뜻입니다.

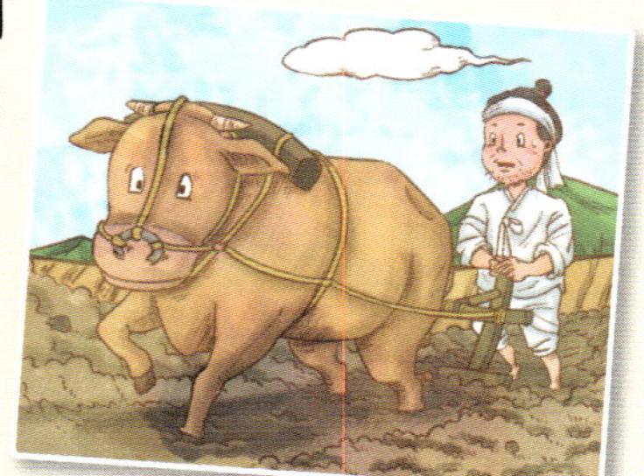

꾀 많은 토끼와 어리석은 자라

토끼와 자라

💡 **생각해 봅시다.**

1 다음 중 '토끼'에 대한 설명을 골라 보세요.
① 멍청하다　② 힘이 세다　③ 꾀가 많다　④ 게으르다

2 다음 중 '자라'에 대한 설명을 골라 보세요.
① 빠르다　　　　　　② 머리가 좋다
③ 친절하다　　　　　④ 물과 육지를 다닌다

3 육지와 물을 왔다 갔다 할 수 있는 동물을 알고 있어요?

💬 그림을 보고 이야기를 만들어 봅시다. 뒤에 어떤 이야기가 이어질지 상상해 봅시다.

① 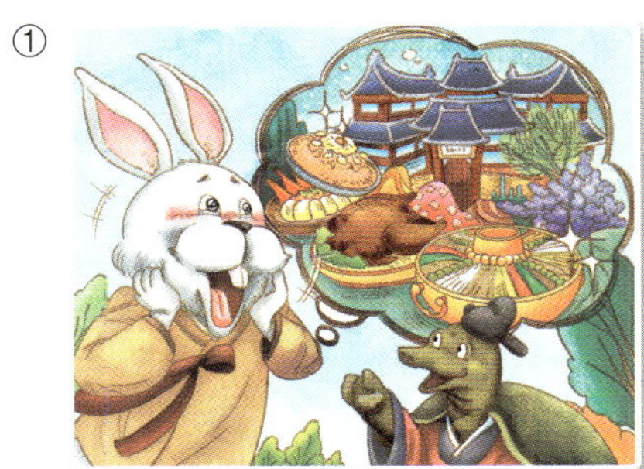

② 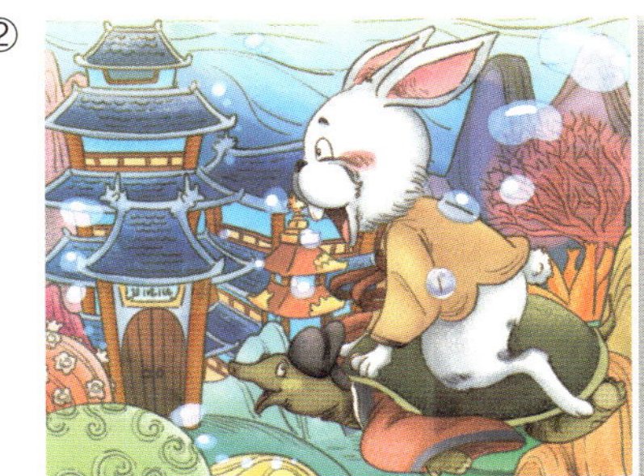

③ 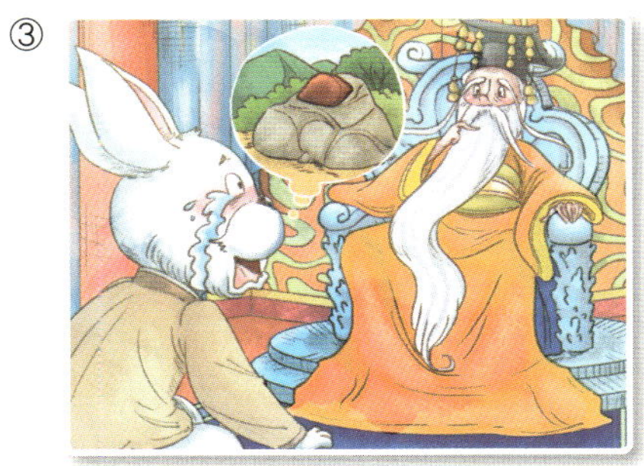

④ 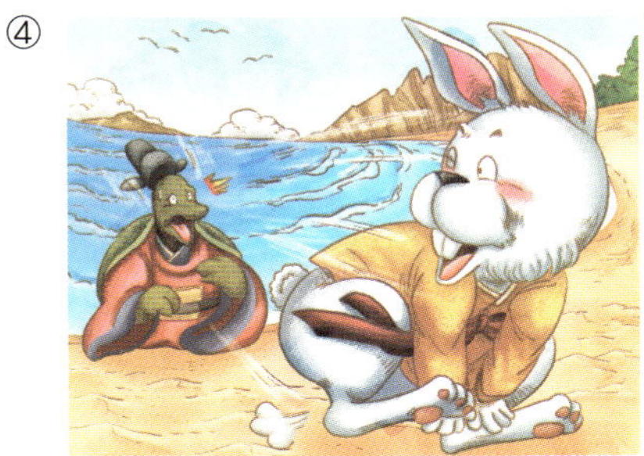

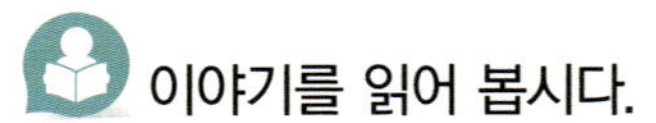 이야기를 읽어 봅시다.

바닷속 궁전 용궁의 왕, 용왕님이 큰 병에 걸렸습니다. 의사는 토끼의 간을 먹으면 병이 낫는다고 했습니다. 신하들 중에서 자라가 토끼의 간을 구하기 위해 육지에 가기로 했습니다. 자라는 육지에 도착해서 어렵게 토끼를 찾아냈습니다.

"토끼야, 나랑 용궁에 가자. 용궁은 정말 아름다워. 용궁에 가면 맛있는 것도 아주 많아. 용궁에는 너에게 총을 쏘는 사람도 없어. 용궁에 가면 우리 용왕님께서 너에게 높은 자리도 주고, 좋은 집도 주실 거야."

자라는 토끼를 용궁에 데려가기 위해 입에 침이 마르도록 용궁 자랑을 했습니다. 토끼는 자라의 달콤한 유혹에 넘어갔습니다. 토끼는 자라의 등에 업혀 용궁으로 갔습니다.

토끼가 용궁에 도착하자 용왕은 토끼에게 간을 내놓으라고 말했습니다. 토끼는 자라에게 속았다는 것을 알았습니다. 꾀 많은 토끼는 눈물을 흘리면서 용왕에게 말했습니다.

"용왕님의 병을 고칠 수만 있다면 제 간은 하나도 아깝지 않아요. 그런데 오늘은 제가 간을 바위 위에 두고 왔어요. 저를 잠깐만 육지로 보내 주세요. 얼른 가서 가져올게요."

용왕은 친절한 토끼의 말을 믿었습니다. 육지에 가서 간을 가지고 꼭 다시 오라고 부탁했습니다.

다시 자라의 등에 업혀 육지로 돌아온 토끼는 웃으면서 자라에게 말했습니다.

"멍청한 자라야, 간 없이 살 수 있는 동물이 어디 있니? 너는
용궁에 돌아가서 잘 살아라. 나는 간다."
　토끼는 재빨리 산 속으로 도망갔습니다. 토끼를 놓친 자라는
쓸쓸히 용궁으로 돌아갔습니다.

용왕	간	신하	자라
육지	찾아내다	총을 쏘다	높은 자리
입에 침이 마르도록	달콤한 유혹	속다	꾀가 많다
아깝다	멍청하다	재빨리	쓸쓸히

 질문에 답해 봅시다.

1 토끼는 왜 용궁에 가게 되었나요?

① 자라의 유혹에 넘어가서

② 자라와 함께 살고 싶어서

③ 용왕님의 병을 고치고 싶어서

2 용왕님의 병은 어떻게 고칠 수 있다고 했나요?

① 육지에 가면 나을 수 있다고 했습니다.

② 자라가 치료하면 나을 수 있다고 했습니다.

③ 토끼의 간을 먹으면 나을 수 있다고 했습니다.

3 간을 내놓으라는 용왕의 말에 토끼는 뭐라고 대답했나요?

① 자라의 간이 더 낫다고 했습니다.

② 육지에 가서 가져오겠다고 했습니다.

③ 간을 먹어도 낫지 않을 거라고 했습니다.

 표현을 배워 봅시다.

1 -(으)라고 하다

다른 사람에게 들은 명령이나 권유의 내용을 전달할 때

	받침 ○: -으라고 하다	받침 ×, ㄹ: -라고 하다
동사	씻다: 씻으라고 하다 먹다: 먹으라고 하다	마시다: 마시라고 하다 놀다: 놀라고 하다

- 토끼가 용궁에 도착하자 용왕은 토끼에게 간을 내놓으라고 말했습니다.
- 가: 병원에 다녀왔어요? 의사가 뭐라고 해요?
  나: 일주일 동안 약을 먹으라고 했어요. 이번 주에는 좀 쉬라고 하네요.

2 -(으)ㄹ게요

어떤 행동을 할 것임을 약속하거나 의지를 나타낼 때

	받침 ○: -을게요	받침 ×, ㄹ: -ㄹ게요
동사	찾다: 찾을게요 닫다: 닫을게요	가져오다: 가져올게요 만들다: 만들게요

- 저를 잠깐만 육지로 보내 주세요. 얼른 가서 가져올게요.
- 가: 지금 잠깐 이야기할 수 있어요?
  나: 미안해요. 지금은 회의에 들어가야 해요. 회의 끝나고 제가 전화할게요.

? 이야기의 내용을 바탕으로 가로세로 퀴즈를 풀어 봅시다.

<table>
<tr><td>1</td><td></td><td></td><td></td><td></td><td>2</td></tr>
<tr><td></td><td></td><td>3</td><td></td><td></td><td></td></tr>
<tr><td></td><td></td><td></td><td></td><td>4</td><td></td></tr>
<tr><td></td><td></td><td></td><td>5</td><td></td><td></td></tr>
<tr><td>6</td><td>7</td><td></td><td></td><td></td><td></td></tr>
<tr><td></td><td></td><td></td><td></td><td></td><td></td></tr>
<tr><td>8</td><td></td><td></td><td></td><td></td><td></td></tr>
</table>

가로

1 바닷속 용궁의 왕
3 ○○이/가 토끼의 간을 구하러 가기로 했습니다.
4 용왕님의 ○○들 중에서 자라가 토끼를 찾으러 갔습니다.
6 자라는 육지에 도착해서 어렵게 토끼를 ○○○○.
8 '바다'의 반대말. 토끼가 사는 곳

세로

1 바닷속 궁전
2 토끼는 웃으면서 자라에게 말했습니다. "○○○○. 간 없이 살 수 있는 동물이 어디 있니?"
3 "용궁에 가면 용왕님께서 너에게 높은 ○○도 주고 좋은 집도 주실 거야."
5 토끼는 자라의 달콤한 유혹에 넘어갔습니다. 토끼는 자라에게 ○○.
7 "용왕님의 병을 고칠 수만 있다면 제 간은 하나도 ○○○ 않아요."

한국 문화 속의 토끼

꾀 많은 토끼

"산토끼 토끼야, 어디로 가느냐? 깡충깡충 뛰면서 어디로 가느냐?"

이 노래 들어보셨나요? 한국 사람들이 어렸을 때 배우는 노래 중 하나입니다.

토끼는 몸집이 작고 힘이 없어서 다른 동물과 대결할 수 없습니다. 토끼는 자기보다 힘이 센 동물과 정면대결을 피합니다. 그래서 지혜를 써서 위기를 피해 갑니다.

어느 날 호랑이가 토끼를 잡아먹으려고 쫓아옵니다. 토끼는 호랑이를 연못으로 데리고 가서 강물에 꼬리를 담그고 있으면 물고기를 많이 잡을 수 있다고 알려 줍니다. 한겨울에 강물에 꼬리를 담근 호랑이는 그대로 얼어 버리죠. 토끼는 얼른 도망가고요.

험한 세상에서 약자가 살아남는 비결! 토끼에게서 배우세요.

사람을 사랑한 우렁이

우렁각시

 생각해 봅시다.

1 우렁각시는 사랑하는 사람을 위해 무엇을 할까요?
<u>모두</u> 골라보세요.

① 농사를 짓는다　　　② 밥을 한다

③ 밥상을 차린다　　　④ 집을 짓는다

2 다른 사람을 위해서 몰래 일해 준 적이 있어요? 어떤 일을 해 주었어요?

 그림을 보고 이야기를 만들어 봅시다. 뒤에 어떤 이야기가 이어질지 상상해 봅시다.

①
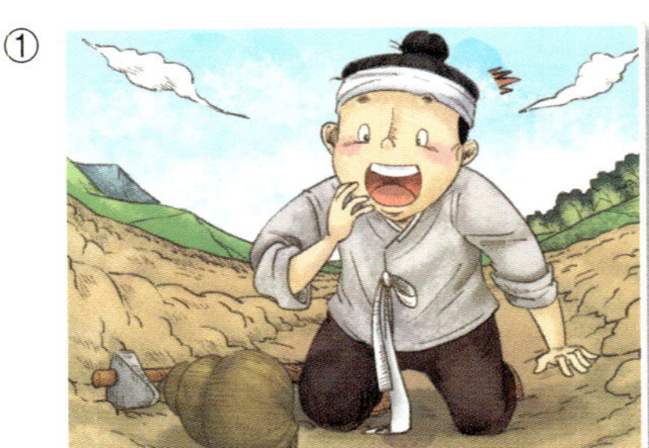

②
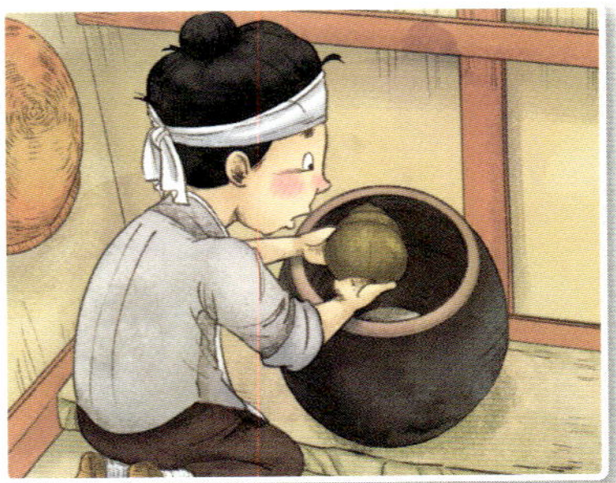

③
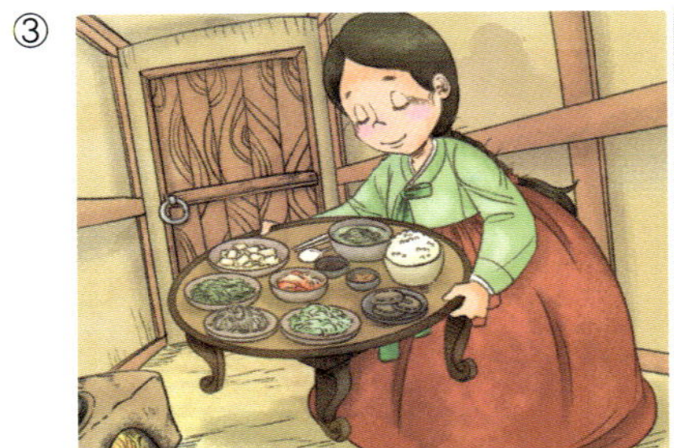

④
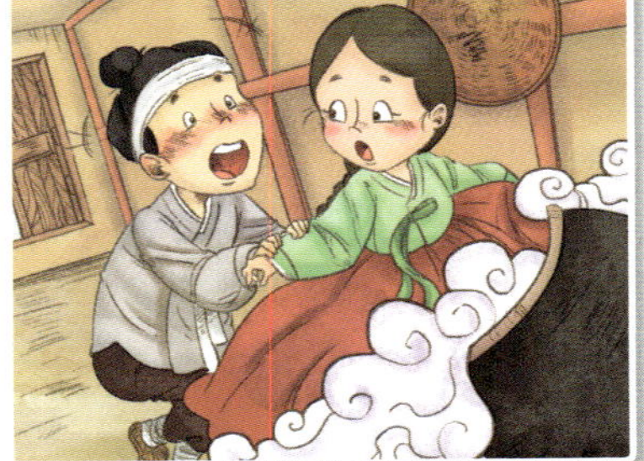

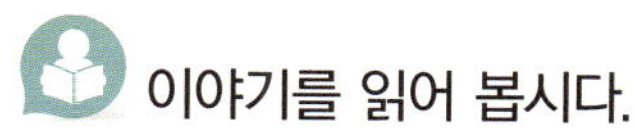 이야기를 읽어 봅시다.

옛날에 한 남자가 결혼도 못하고 가난하게 살았습니다. 남자는 날마다 밭에서 열심히 일을 했습니다. 어느 날 남자가 밭에서 한숨을 쉬면서 말했습니다.

"휴! 농사를 지어서 누구랑 먹고 살까?"

"나랑 같이 먹고 살지. 누구랑 먹고 살아?"

어디에서 고운 여자 목소리가 들렸습니다. 남자는 깜짝 놀랐습니다. 근처에는 사람이 한 명도 없었습니다. 남자는 소리가 나는 곳으로 살금살금 가 보았습니다. 거기에 커다란 우렁이 한 마리가 있었습니다. 남자는 우렁이를 집으로 가지고 와서 항아리에 넣었습니다.

이튿날 아침이 되었습니다. 방 안에 따뜻한 밥과 국이 있는 밥상이 있었습니다.

"누가 아침밥을 했을까?"

남자는 고개를 갸웃거리면서 밥을 맛있게 먹었습니다. 그날부터 매일 아침마다 방 안에 맛있는 밥상이 있었습니다. 남자는 누가 아침밥을 했는지 알 수 없었습니다.

어느 날 남자는 누가 밥을 하는지 너무나 궁금해서 부엌 구석에 숨어서 엿보았습니다. 점심때가 되었습니다. 우렁이를 넣어 둔 항아리에서 아름다운 여자가 나왔습니다. 여자는 눈 깜짝할 사이에 밥상을 차렸습니다. 그리고 다시 항아리로 들어갔습니다.

남자는 다음날도 숨어서 부엌을 엿보았습니다. 항아리에서

51

여자가 나와 밥을 했습니다. 그리고 다시 항아리로 들어가려고 하였습니다.

남자는 여자의 팔을 잡으면서 말했습니다.

"거기 들어가지 말고 나랑 같이 살아요. 나랑 결혼해 줄래요?"

우렁각시도 가난하지만 착하고 성실한 남자가 좋았습니다. 두 사람은 결혼해서 오래오래 행복하게 살았습니다.

가난하다	한숨을 쉬다	농사를 짓다	깜짝 놀라다
살금살금	우렁이	항아리	밥상
고개를 갸웃거리다	구석	엿보다	눈 깜짝할 사이에
밥상을 차리다			

? 질문에 답해 봅시다.

1 누가 날마다 밥상을 차렸습니까?

(   )

2 남자에 대한 설명으로 맞지 **않는** 것을 고르세요.

① 결혼하기 싫어합니다.

② 부지런하고 성실합니다.

③ 농사를 짓지만 가난합니다.

3 이야기 순서에 맞게 연결한 것을 고르세요.

> ㉠ 항아리에서 아름다운 여자가 나왔습니다.
>
> ㉡ 우렁이를 항아리에 넣었습니다.
>
> ㉢ 남자는 밭에서 우렁이의 소리를 들었습니다.
>
> ㉣ 남자는 우렁 각시와 결혼했습니다.

① ㉠-㉡-㉢-㉣

② ㉡-㉠-㉢-㉣

③ ㉢-㉡-㉠-㉣

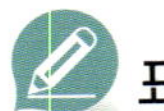 표현을 배워 봅시다.

1 –는지 알다/모르다

막연한 의문을 나타낼 때

- 아침마다 방 안에 맛있는 밥상이 있었습니다. 남자는 누가 아침밥을 했는지 알 수 없었습니다.
- 가: 시청까지 어떻게 가는지 알아요?

  나: 지하철을 타고 가면 돼요.

2 –(으)ㄹ래요?

듣는 사람에게 어떤 일을 할 의향이 있는지 물어볼 때

	받침 ○: –을래요	받침 ×, ㄹ: –ㄹ래요
동사	앉다: 앉을래요 먹다: 먹을래요	사다: 살래요 팔다: 팔래요

- 거기 들어가지 말고 나랑 같이 살아요. 나랑 결혼해 줄래요?
- 가: 시간 있으면 주말에 같이 영화 보러 갈래요?

  나: 네, 토요일에 시간 있어요. 요즘 재미있는 영화가 뭐예요?

? 이야기의 내용을 바탕으로 가로세로 퀴즈를 풀어 봅시다.

1						2	3	
			4		5			
6								
				7				
8	9							

가로

1 아주 짧은 시간. 여자는 눈 ○○○ 사이에 밥상을 차렸습니다.

2 남자는 우렁이를 집으로 가지고 와서 ○○○에 넣었습니다.

6 여자가 맛있게 밥상을 ○○○.

7 "휴! 농사를 지어서 누구랑 먹고 살까?" 남자가 한숨을 ○○.

8 남자는 밭에서 열심히 일을 했습니다. ○○을/를 지었습니다.

세로

1 어디에서 고운 여자 목소리가 들렸습니다. 남자는 ○○ 놀랐습니다.

3 항아리에서 여자가 나왔습니다. 그 여자는 곱고 ○○○○.

4 남자는 누가 밥을 하는지 궁금해서 부엌 구석에 숨어서 ○○○.

5 이 남자는 돈이 없다. ○○○○.

9 여자는 눈 깜짝할 ○○에 밥상을 차렸습니다.

한국 문화 속의 우렁이

남자들의 희망사항 – 우렁각시

'나도 우렁각시가 있었으면 좋겠다!'는 남자들의 희망사항입니다. 갓 지은 따뜻한 밥과 맛있는 반찬으로 밥상을 차려 주는 우렁각시는 아직 결혼을 하지 않은 남성들의 선망의 대상이지요. 우렁각시는 다정한 아내의 이미지를 갖고 있습니다.

우렁이는 딱딱한 껍질 속에 말랑한 몸을 숨기고 느릿느릿 움직이는 동물입니다. 물속에 살기 때문에 더 신비롭습니다. 우렁이로 만든 우렁쌈밥, 우렁 된장찌개는 한국 사람들이 좋아하는 건강식이기도 합니다.

'우렁이 속 같다'는 단단한 껍질 속에 숨겨진 우렁이 속을 알 수 없듯이 속을 알 수 없는 사람의 마음을 표현한 속담입니다. '우렁이도 집이 있다.'는 딱딱한 껍질을 집처럼 가지고 있는 우렁이의 모습에서 유래된 속담입니다. 우렁이 같은 작은 동물도 집이 있는데, 사람이 집이 없는 것을 말할 때 쓰는 표현입니다.

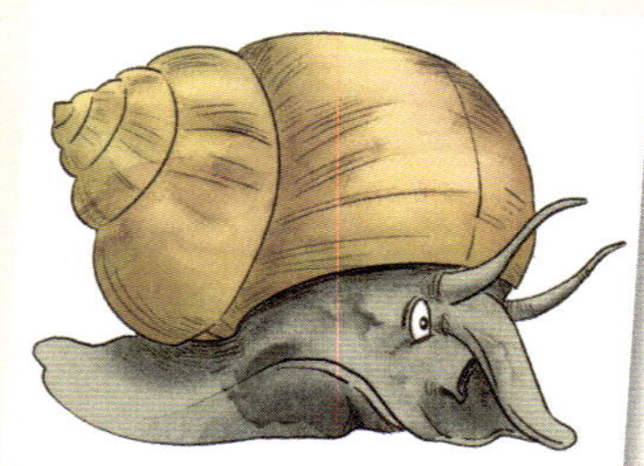

한국인의 오랜 친구 '개'

오수의 개

 생각해 봅시다.

1 다음 중 '개'에 대한 설명을 <u>모두</u> 골라 보세요.

① 충성스럽다 　　　② 변덕이 심하다

③ 사람을 좋아한다 　　④ 욕심이 많다

2 사람을 위해서 희생한 동물에 대한 이야기를 알고 있어요? 무슨 동물이에요?

그림을 보고 이야기를 만들어 봅시다. 뒤에 어떤 이야기가 이어질지 상상해 봅시다.

① 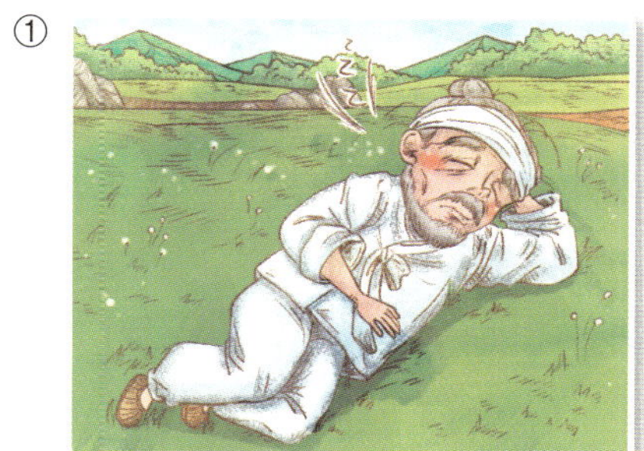

② 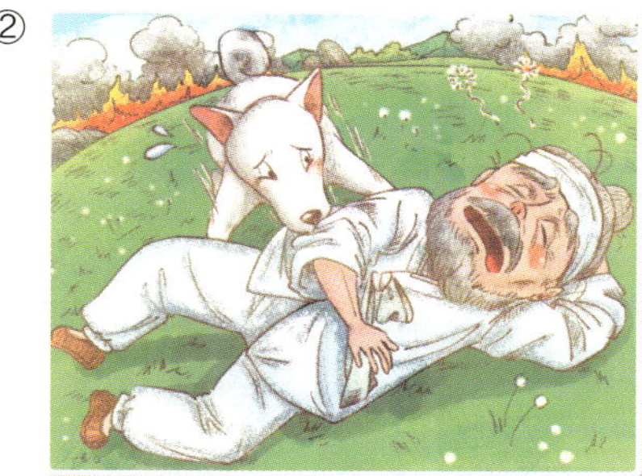

③ 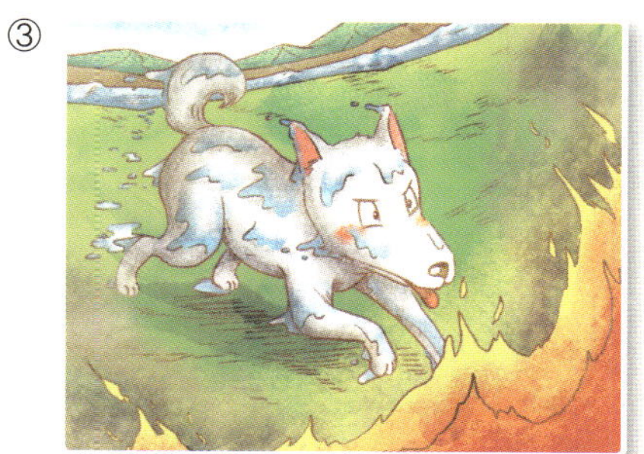

④ 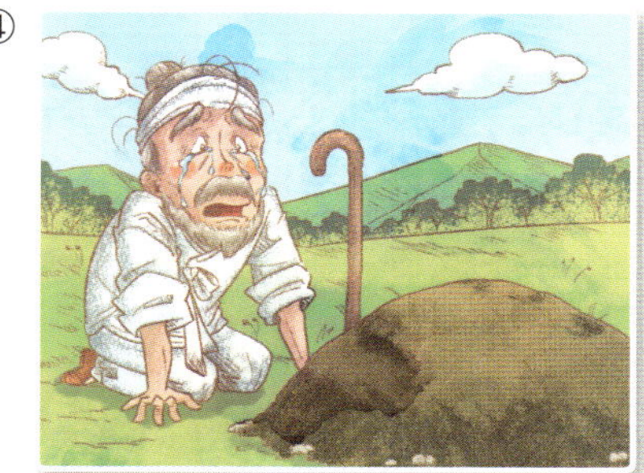

　먼 옛날, 고려시대 때 이야기입니다. 전라북도 임실군에 '김개인'이라는 할아버지가 살았습니다. 할아버지는 개를 한 마리 키웠습니다. 어느 날 할아버지가 친구를 만나 기분 좋게 술을 마시고 집에 오는 길에 풀밭에서 잠깐 잠이 들었습니다. 그런데 그때 산에 불이 났습니다.

　개는 할아버지를 깨우기 위해서 큰 소리로 짖고 할아버지의 옷을 흔들었습니다. 하지만 할아버지는 일어나지 않았습니다. 불길은 점점 할아버지에게 가까워졌습니다. 개는 개울에 가서 자신의 몸에 물을 적셨습니다. 그리고 젖은 몸으로 불이 난 곳으로 달려가서 뒹굴었습니다. 불길이 할아버지에게 닿지 않도록 여러 번 같은 일을 반복했습니다. 가까스로 불이 꺼졌습니다. 하지만 너무나 지친 개는 안타깝게도 그 자리에서 죽었습니다.

　잠에서 깨어난 할아버지는 자신을 살리기 위해 죽은 개를 보고 너무나 슬펐습니다. 할아버지는 개를 땅에 묻어 주었습니다. 그리고 개를 기억하기 위해 개의 무덤 앞에 지팡이를 꽂았습니다. 나중에 이 지팡이가 나무로 자라났습니다.

　사람들은 개를 뜻하는 '오(獒)'자와 나무를 뜻하는 '수(樹)'자를 합하여 이 마을의 이름을 '오수'(獒樹)라고 불렀습니다. 지금도 전라북도에 임실군에 가면 '오수'라는 마을이 있습니다.

고려시대	전라북도	임실군	기분 좋게	잠이 들다
불길	적시다	뒹굴다	닿다	가까스로
안타깝다	지팡이	꽂다	뜻하다	

? 질문에 답해 봅시다.

1 이야기의 내용과 같은 것을 고르세요.

① 최근에 신문에 실린 이야기입니다.

② 주인을 위해 충성한 개에 대한 이야기입니다.

③ 개와 함께 죽은 할아버지에 대한 이야기입니다.

2 개가 개울로 뛰어든 이유는 무엇입니까?

① 산에 불이 나니까 너무 더워서

② 할아버지에게 물을 먹이기 위해서

③ 불이 할아버지에게 닿지 않도록 하기 위해서

3 할아버지가 지팡이를 개의 무덤 앞에 꽂은 이유는 무엇입니까?

① 자신을 위해 죽은 개를 기억하기 위해서

② 개가 다시 살아나기를 바랐기 때문에

③ 개가 할아버지의 지팡이를 좋아했기 때문에

1 (이)라는

'(이)라고 하는'의 준말

	받침 ○: 이라는	받침 X: 라는
동사	'김개인'이라는 할아버지 '이수영'이라는 배우	'이진우'라는 사람 '유미소'라는 친구

- 옛날 어느 마을에 '김개인'이라는 할아버지 한 분이 살았습니다.
- 가: 누구를 만나러 오셨어요?
  나: '이진우'라는 사람을 찾고 있는데요. 이 회사 영업팀에서 일한다고 들었어요.

2 -도록

앞의 내용이 뒤에 오는 행위의 목적을 나타낼 때

- 불길이 할아버지에게 닿지 않도록 여러 번 같은 일을 반복했습니다.
- 가: 여행 짐에 화장품을 넣으려고 하는데 괜찮겠지요?
  나: 짐으로 부치는 것은 괜찮아요. 깨지지 않도록 포장을 잘하세요.

이야기의 내용을 바탕으로 가로세로 퀴즈를 풀어 봅시다.

가로

1 개의 무덤 앞에 꽂은 지팡이가 ○○(으)로 자라났습니다.
3 개는 개울에 가서 자신의 몸에 물을 ○○○.
4 '오수'라는 마을 이름에서 '오'는 개를 ○○○. '수'는 나무를 ○○○.
6 할아버지는 개를 기억하기 위해 개의 무덤 앞에 ○○○을/를 꽂았습니다.
7 잊지 않고 ○○○○. 할아버지는 자신을 살려준 개의 무덤 앞에 지팡이를 꽂고 개를 ○○○○.
8 할아버지가 술을 마시고 집에 오는 길에 잠깐 잠이 ○○.

세로

1 할아버지가 잠깐 잠이 든 동안에 산에 불이 ○○.
2 개는 할아버지를 살리기 위해 젖은 몸으로 뒹구는 일을 여러 번 ○○○○.
5 개의 무덤 앞에 지팡이를 ○○.
6 반복해서 힘든 일을 한 개는 너무나 ○○○.
7 할아버지가 친구를 만나 ○○ 좋게 술을 마셨습니다.

한국 문화 속의 개

오랫동안 함께 한 친구 같은 개

개는 한국 사람들에게 가장 사랑 받는 반려동물입니다. 개는 주인과 가족에게 충실하기 때문에 친구처럼 오랜 세월 함께 지내왔습니다.

시골 집 마당에는 집을 지키는 개가 있습니다. 아파트에서는 개가 주인과 함께 방과 거실에서 함께 삽니다. 집주인의 친구이자 가족이지요.

충직하고 의리 있는 개의 성품은 이야기에서뿐만이 아니라 현실에서도 증명되었습니다. 동화 『돌아온 진돗개 백구』는 충성스런 개에 대한 이야기입니다. 백구는 1993년에 대전으로 팔려 갔다가 주인을 찾아 7개월 만에 약 300km를 달려 진도로 돌아옵니다. 사람과 한번 인연을 맺으면 변하지 않는 개의 충성심을 잘 보여 줍니다.

'한번 주인이면 평생 주인!' 한번 친구가 되면 평생 가는 친구인 개! 그래서 개는 오랫동안 한국인의 사랑을 독차지하고 있습니다.

가장 좋은 것은 가까이에 있어요

두더지의 사위 찾기

 생각해 봅시다.

1 다음 중 '두더지'에 대한 설명을 <u>모두</u> 골라 보세요.

① 땅 밑에 산다　　　② 굴을 잘 판다

③ 인기가 많다　　　④ 길에서 자주 보인다

2 땅 속에 사는 동물을 알고 있어요? 어떤 동물이에요?

그림을 보고 이야기를 만들어 봅시다. 뒤에 어떤 이야기가 이어질지 상상해 봅시다.

① 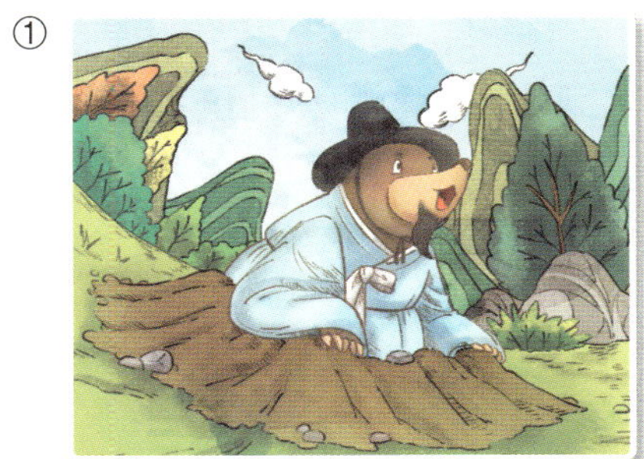

② 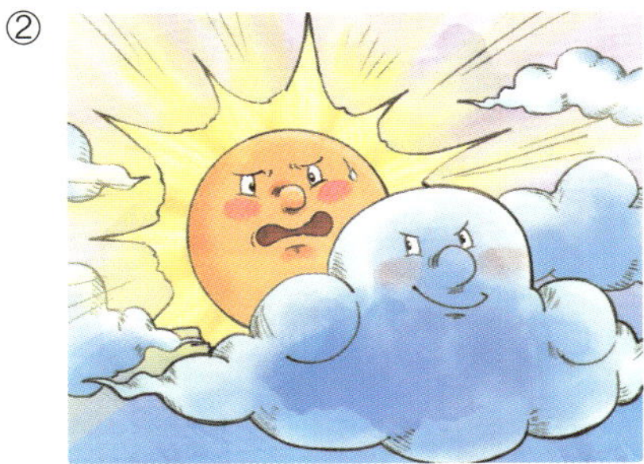

③ 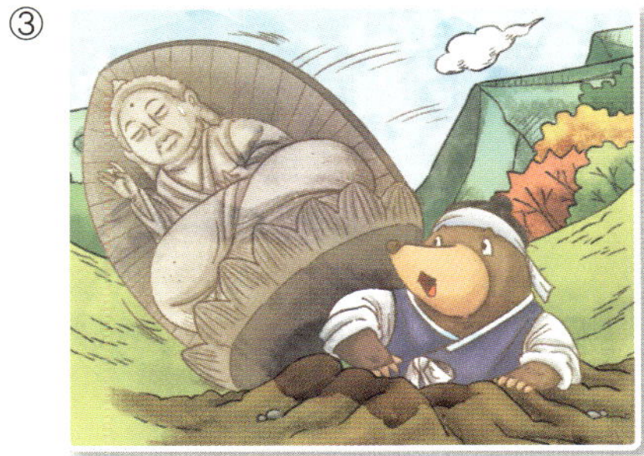

④ 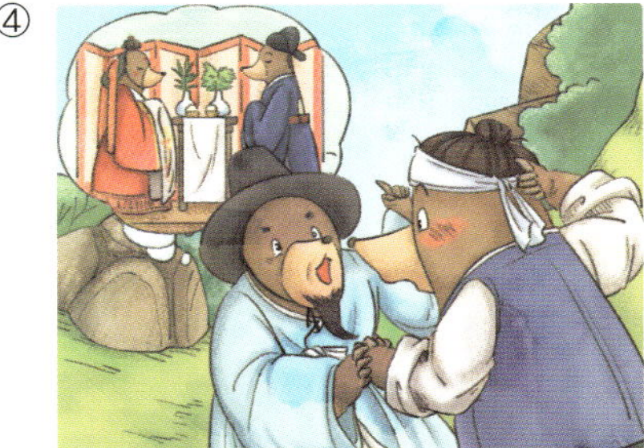

옛날에 두더지 부부가 있었어요. 딸이 시집갈 나이가 되자 두더지 부부는 사윗감을 찾기 시작했어요. 두더지 부부는 딸을 위해서 세상에서 가장 힘이 센 사위를 찾았어요. 땅 속 마을에 사는 총각 두더지들은 모두 비실비실 힘이 없어 보였어요. 그래서 아빠 두더지는 사윗감을 찾기 위해 땅 위로 올라갔어요.

땅 위로 올라간 아빠 두더지는 눈을 뜰 수가 없었어요. 뜨거운 해 때문에 눈이 부셨기 때문이에요.

"이렇게 눈이 부신 걸 보니 해는 힘이 아주 센가 보다."

아빠 두더지는 해에게 사위가 되어 달라고 부탁했어요.

그런데 그때 커다란 구름이 와서 해를 가렸어요.

"와! 해를 가리다니……. 구름은 해보다 더 힘이 세네."

아빠 두더지는 구름에게 무릎을 꿇었어요.

"구름님, 제 사위가 되어 주세요."

그때 갑자기 강한 바람이 불어와서 구름을 몰고 가 버렸어요.

'바람이 정말 힘이 세구나. 바람을 사위 삼는 게 좋겠어.'

아빠 두더지는 바람에 날려가 돌부처에 '쿵'하고 부딪혔어요.

"야! 이렇게 센 바람에 꿈쩍도 안 하다니……."

돌부처에게 사위가 되어 달라고 말하려는 순간, 갑자기 돌부처가 힘없이 쓰러졌어요. 그리고 돌부처 밑에서 두더지 총각이 나왔어요.

아빠 두더지는 깜짝 놀랐어요.

"돌부처도 쓰러뜨리는 힘센 두더지 총각! 내 사위가 되어 줘."

아빠 두더지는 드디어 이 세상에서 가장 힘센 두더지 총각을 사위로 맞게 되었습니다.

두더지	시집가다	사윗감	총각
비실비실	눈이 부시다	가리다	무릎을 꿇다
몰고 가다	돌부처	쿵	부딪히다
꿈쩍도 안 하다	순간	힘없이	쓰러지다
쓰러뜨리다	드디어	사위로 맞다	

1 이야기의 내용과 같은 것을 고르세요.

① 두더지가 사윗감을 찾는 이야기입니다.

② 두더지가 결혼하고 싶어 하는 이야기입니다.

③ 두더지가 땅 위에 살고 싶어 하는 이야기입니다.

2 돌부처가 쓰러진 이유는 무엇입니까?

① 두더지를 보고 깜짝 놀라서

② 두더지의 사위가 되고 싶어서

③ 총각 두더지가 땅 밑에서 파서

3 두더지가 찾은 사윗감 순서를 완성해 보세요.

해 ➡ (　　　　) ➡ 바람 ➡ 돌부처 ➡ (　　　　)

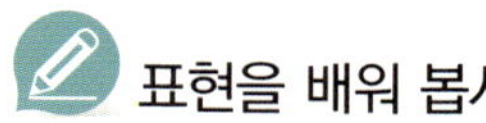

표현을 배워 봅시다.

1 −(으)ㄴ가/나 보다

어떤 상황에 근거하여 말하는 사람이 추측하는 내용을 나타낼 때

형용사	받침 ○: −은가 보다	받침 X, ㄹ: −ㄴ가 보다	동사	−나 보다
	작다: 작은가 보다 맵다: 매운가 보다	세다: 센가 보다 달다: 단가 보다		가다: 가나 보다 찾다: 찾나 보다

- "이렇게 눈이 부신 걸 보니 해는 힘이 아주 센가 보다."
- 가: 미영 씨가 요즘 바쁜가 봐요. 친구들 모임에도 안 나오네요.

  나: 출장을 자주 가나 봐요. 저도 연락이 잘 안 돼요.

2 −아/어 버리다

앞의 말이 나타내는 행동이 완전히 끝났음을 나타낼 때

동사	ㅏ, ㅗ: −아 버리다	ㅏ, ㅗ 이외: −어 버리다	−하다: 해 버리다
	가다: 가 버리다 뽑다: 뽑아 버리다	찢다: 찢어 버리다 치우다: 치워 버리다	포기하다: 포기해 버리다 거절하다: 거절해 버리다

- 그때 갑자기 강한 바람이 불어와서 구름을 몰고 가 버렸어요.
- 가: 이번 주말에 영화 보러 갈래요?

  나: 이번 달 용돈을 다 써 버려서 돈이 하나도 없어요. 다음 달에
  가요.

67

이야기의 내용을 바탕으로 가로세로 퀴즈를 풀어 봅시다.

		1					2
		3					
4						5	
			6	7			
						8	
						9	
10							

가로

3 두더지 딸이 결혼을 하려고 합니다. 딸이 ○○○○.
4 커다란 구름이 와서 해를 ○○○.
5 ○○○이/가 힘이 센 사윗감을 찾는 이야기입니다.
6 ○○○ 밑에서 두더지 총각이 나왔습니다.
9 두더지 부부는 딸을 ○○○ 세상에서 가장 힘이 센 사위를 찾았어요.
10 힘센 두더지 총각이 돌부처를 ○○○○○.

세로

1 뜨거운 해 때문에 눈이 ○○○.
2 갑자기 돌부처가 힘없이 ○○○○.
4 이야기에서 ○○ 힘이 센 사윗감은 두더지 총각입니다.
7 아빠 두더지는 바람에 날려가 돌부처에 '쿵' 하고 ○○○○.
8 딸의 남편. 두더지 부부는 두더지 총각을 ○○로 맞게 되었습니다.

가로 3. 시집가다 4. 가리다 5. 두더지 6. 돌부처 9. 위해서 10. 쓰러뜨리다
세로 1. 부시다 2. 쓰러지다 4. 가장 7. 부딪히다 8. 사위

더 읽어 봅시다.

한국 문화 속의 두더지

비밀스러운 땅 속 동물

두더지는 한국·일본·중국·러시아에 삽니다. 땅에 사는 동물이어서 색깔도 흙색입니다. 작은 몸집에 입이 뾰족하고 눈은 거의 감은 것처럼 작습니다. 시각보다 후각과 청각이 발달한 동물이지요. 캄캄한 땅 속에 사니 시각이 발달해야 할 이유가 없지요.

땅 속에 살기 때문에 실제로 두더지를 본 사람들은 많지 않습니다. 두더지가 파 놓은 땅굴을 보았다거나 밤새 농작물을 훔쳐 먹고 갔다는 얘기는 종종 들을 수 있지요.

'두더지 혼인 같다'는 속담은 자기에게 맞지 않는 엉뚱한 희망을 갖는 것을 비유적으로 이르는 말입니다. '두더지는 나비가 못 되라는 법 있나'는 전혀 뜻밖의 상황이 일어날 수 있음을 이르는 말입니다.

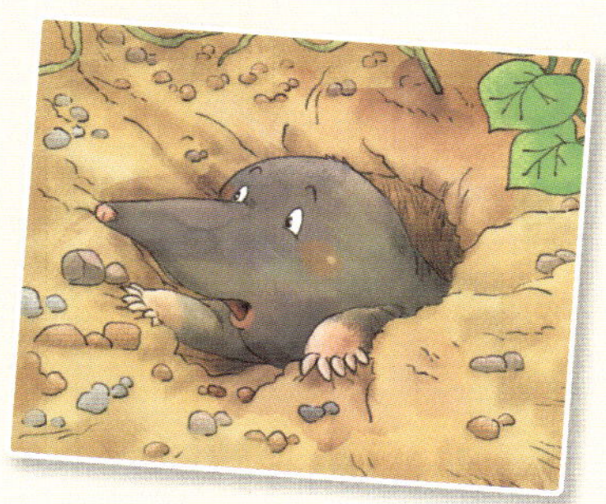

사랑을 이어 주는 까마귀와 까치

견우와 직녀

 생각해 봅시다.

1 까마귀와 까치는 어떤 동물일까요? 알맞은 것을 <u>모두</u> 골라 보세요.

① 높이 날 수 있다　　　② 사랑을 이어 준다

③ 사이가 나쁘다　　　④ 놀기만 좋아한다

2 친구가 여자 친구/남자 친구와 잘 되도록 도와준 적이 있어요? 어떤 도움을 주었어요?

그림을 보고 이야기를 만들어 봅시다. 뒤에 어떤 이야기가 이어질지 상상해 봅시다.

①
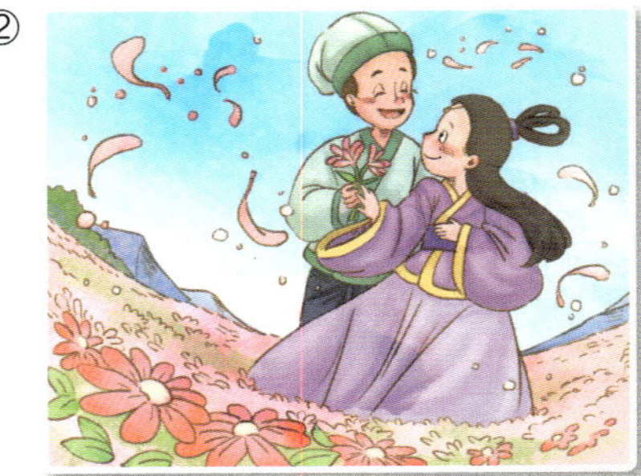

②

③
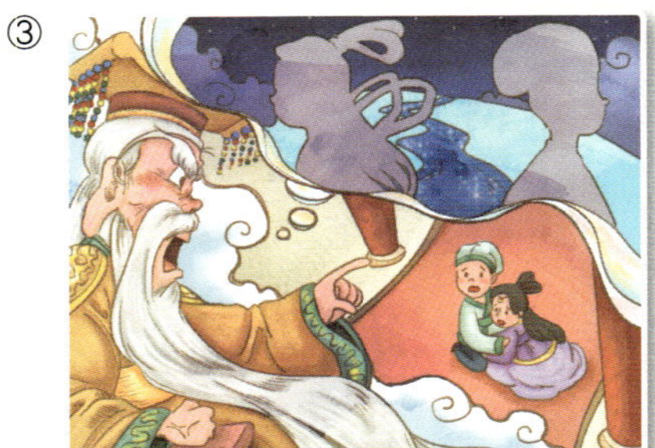

④
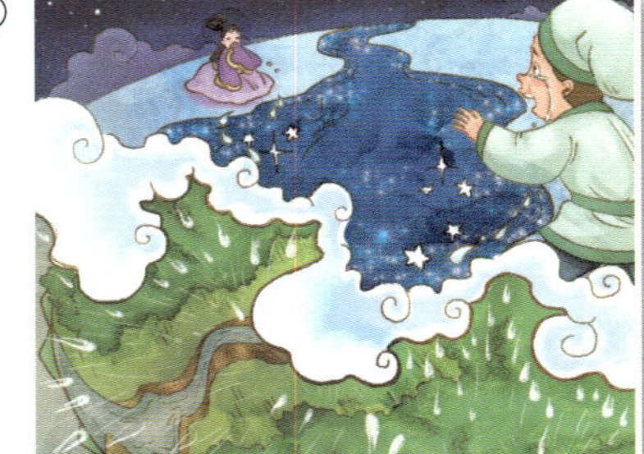

하늘나라에 '직녀'라는 공주가 살았습니다. 직녀는 베를 잘 짰습니다. 직녀는 마음씨가 곱고 얼굴도 예뻤습니다.

어느덧 직녀가 결혼할 나이가 되었습니다. 직녀는 '견우'라는 남자와 결혼했습니다. 견우는 소를 잘 키우는 믿음직한 남자였습니다. 직녀는 베를 짜지 않고 견우와 함께 다니면서 놀기만 했습니다. 견우도 매일 직녀와 함께 꽃밭을 돌아다녔습니다. 두 사람은 사랑에 빠져서 시간 가는 줄 몰랐습니다.

임금님은 두 사람을 보고 크게 화를 냈습니다.

"일도 안 하고 하루 종일 놀기만 하는구나. 정말 보기 싫다. 둘 다 이곳에서 떠나라. 견우는 동쪽으로 가고 직녀는 서쪽으로 가라."

견우와 직녀는 갑자기 헤어지라는 말에 너무 놀랐습니다. 견우와 직녀는 임금님께 제발 같이 있게 해 달라고 부탁했습니다. 임금님은 안 된다고 말했습니다.

"아버지, 저는 견우가 없으면 못 살아요. 제발 일 년에 한 번이라도 만나게 해 주세요."

직녀는 아버지께 울면서 부탁했습니다. 임금님은 마음이 약해졌습니다.

"좋다. 일 년에 한 번 7월 7일에 만나라. 그러나 강을 사이에 두고 얼굴만 볼 수 있다."

견우와 직녀는 헤어져서 살게 되었습니다. 그러나 하루도

서로를 잊은 적이 없었습니다.

드디어 7월 7일이 되었습니다. 견우는 동쪽에서, 직녀는 서쪽에서 서로를 보러 왔습니다. 하지만 둘 사이에는 길고 긴 은하수가 있어서 서로 가까이 갈 수 없었습니다. 은하수의 강물은 너무 크고 깊었습니다. 멀리서 바라보는 것은 더 마음이 아팠습니다. 견우와 직녀는 서로의 이름을 불렀습니다. 그러나 너무 멀어서 목소리도 들리지 않았습니다. 견우와 직녀는 멀리서 바라보며 눈물만 흘리다가 돌아왔습니다. 서로를 그리워하면서 얼마나 많은 눈물을 흘렸는지 모릅니다.

견우와 직녀가 흘린 눈물 때문에 땅 위에는 홍수가 났습니다. 동물들이 모여서 회의를 했습니다.

"견우와 직녀가 흘린 눈물 때문에 비가 너무 많이 내리고 있어. 두 사람을 만나게 해 주면 비가 그칠 것 같아. 날개가 튼튼하고 높이 날 수 있는 새들이 올라가서 은하수에 다리를 만들어 주면 어떨까? 그러면 두 사람이 다리를 건너서 만날 수 있을 거야."

이 말을 들은 까마귀와 까치가 견우와 직녀의 사랑을 위해 다리를 만들어 주겠다고 했습니다.

다시 7월 7일이 되었습니다. 까마귀와 까치들이 은하수로 날아갔습니다. 까마귀와 까치는 서로 어깨를 맞댔습니다. 까마귀와 까치가 만든 까맣고 단단한 다리가 은하수 위에 생겼습니다.

　견우와 직녀가 은하수 앞으로 왔습니다. 견우와 직녀는 까마귀와 까치가 만든 다리를 밟으면서 서로에게 달려갔습니다. 다리 위에서 만난 두 사람은 반가워하며 눈물을 흘렸습니다. 정말 오랜만에 서로의 따뜻한 손을 잡았습니다. 다리가 된 까마귀와 까치는 두 사람의 사랑을 느낄 수 있었습니다.

　그날 이후 7월 7일, 칠석날에는 큰 비가 오지 않고 비가 조금씩 내립니다. 이 비는 견우와 직녀가 반가워서 흘리는 눈물이라고 합니다.

베를 짜다	마음씨가 곱다	믿음직하다	사랑에 빠지다
시간 가는 줄 모르다	헤어지다	제발	마음이 약해지다
사이에 두다	바라보다	홍수	날개
다리	까마귀	까치	어깨를 맞대다
칠석날			

1 이야기의 내용과 **다른** 것을 고르세요.

① 견우와 직녀가 사랑에 빠졌습니다.

② 직녀는 견우의 일을 도와주었습니다.

③ 임금님은 견우와 직녀 때문에 화가 났습니다.

2 어떤 동물이 은하수에 다리를 만들어 주었습니까?

(　　　　　　,　　　　　　)

3 왜 7월 7일에 홍수가 났습니까?

① 견우와 직녀가 흘린 눈물 때문에

② 임금님의 마음이 약해졌기 때문에

③ 까마귀와 까치가 너무 힘들어서

 표현을 배워 봅시다.

1 (이)라도

그것이 최선은 아니지만 그런대로 괜찮음을 나타낼 때

명사	받침 ○: 이라도	받침 X: 라도
	라면이라도 한 번이라도	음료수라도 잠시라도

- "아버지, 저는 견우 씨가 없으면 못 살아요. 제발 일 년에 한 번이라도 만나게 해 주세요."
- 가: 운동을 해야 하는데 날마다 늦게 퇴근해서 운동을 할 시간이 없어요.
  나: 평일에는 운동하기 어렵지요. 주말에 잠깐이라도 시간을 내서 운동을 해야 해요.

2 -(으)ㄹ 것 같다

말하는 사람의 추측을 나타낼 때

동사/ 형용사	받침 ○: -을 것 같다	받침 X, ㄹ: -ㄹ 것 같다
	웃다: 웃을 것 같다 좋다: 좋을 것 같다	그치다: 그칠 것 같다 울다: 울 것 같다

- "견우와 직녀가 흘린 눈물 때문에 비가 내리고 있어. 두 사람을 만나게 해 주면 비가 그칠 것 같아."
- 가: 매운 떡볶이에 치즈를 넣으면 어떨까?
  나: 맛있을 것 같아. 매운 맛도 조금 약해질 것 같은데?

이야기의 내용을 바탕으로 가로세로 퀴즈를 풀어 봅시다.

가로

2 견우와 직녀는 일 년에 한 번 강을 ○○에 두고 얼굴만 볼 수 있었습니다.
3 직녀는 아버지께 울면서 부탁했습니다. 아버지는 ○○이/가 약해졌습니다.
4 견우와 ○○은/는 서로 사랑했습니다.
6 까마귀와 까치가 서로 ○○을/를 맞대고 다리를 만들어 주었습니다.
7 견우와 직녀는 멀리서 ○○○○. 눈물만 흘리다가 돌아왔습니다.
8 견우와 직녀는 사랑에 빠져서 시간 가는 줄 ○○○.
9 7월 7일

세로

1 견우는 소를 잘 키우는 남자입니다. 아주 ○○○○○.
2 견우와 직녀는 ○○에 빠져서 하루하루 행복한 시간을 보냈습니다.
5 견우는 동쪽으로 가고 직녀는 서쪽으로 가게 되었습니다. 두 사람은 갑자기 ○○○○.
10 "○○이/가 튼튼하고 높이 날 수 있는 새들이 은하수에 다리를 만들어 주면 어떨까?"

정답

가로 2. 사이 3. 마음 4. 직녀 6. 어깨 7. 바라보다 8. 모른다 9. 칠석날

세로 1. 부지런하다 2. 사랑 5. 헤어지다 10. 날개

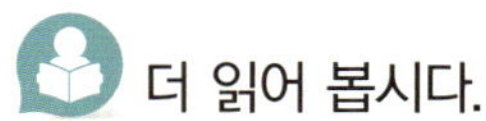 더 읽어 봅시다.

한국 문화 속의 까마귀와 까치
오래 전부터 함께 한 까마귀와 까치

'아침에 까치를 보면 반가운 손님이 온다.'라는 말 들어보셨나요? 한국에 전해오는 말입니다. 한국 사람들은 까치를 보면 좋은 일이 생길 거라 믿습니다. 날씬한 몸매에 검정, 하양, 파랑으로 예쁘게 꾸민 까치는 멋쟁이지요. 새해에 복을 비는 그림에도 까치가 있습니다. 까치는 '기쁜 소식'을 의미합니다. 까치가 들어가는 한국 민화는 오랫동안 사랑을 받았습니다.

고구려 고분벽화에 그려진 〈견우와 직녀〉 그림을 보면 견우와 직녀의 사랑을 이어주는 까마귀와 까치의 모습이 있습니다. 한국에서는 검은 색을 '죽음'으로 인식하기 때문에 까마귀를 흉조로 생각하기도 합니다. 하지만 견우와 직녀의 사랑을 이어준 까마귀를 보면 길조로서의 의미도 있는 것 같습니다.

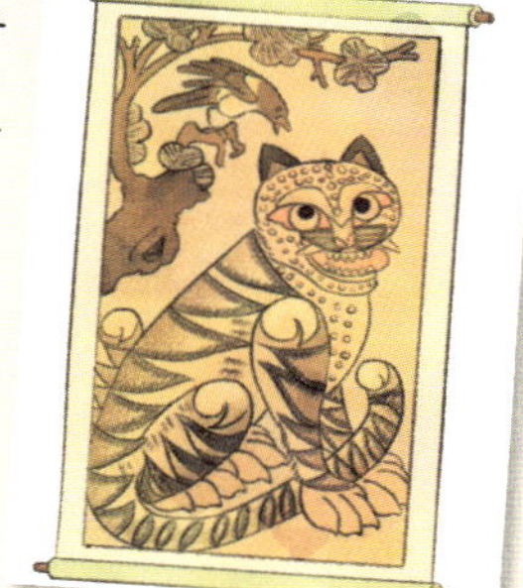

쥐가 창고를 갖게 된 이유

세상이 처음 생겨났을 때

 생각해 봅시다.

1 다음 중 '쥐'에 대한 설명을 <u>모두</u> 골라 보세요.

① 느리다　　　　　② 힘이 세다

③ 몸집이 작다　　　④ 여기저기 돌아다닌다

2 여러분 나라에서 '쥐'는 어떤 느낌이 있어요? 왜 그렇게 생각해요?

그림을 보고 이야기를 만들어 봅시다. 뒤에 어떤 이야기가 이어질지 상상해 봅시다.

① 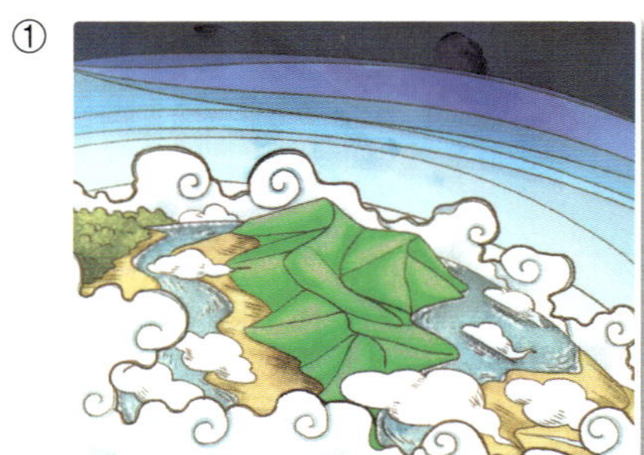

② 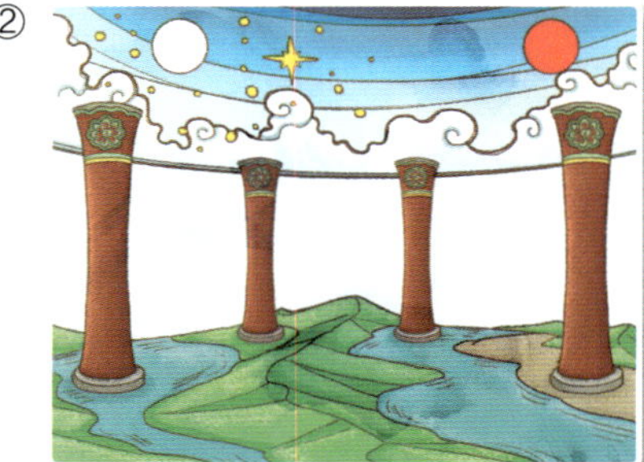

③ 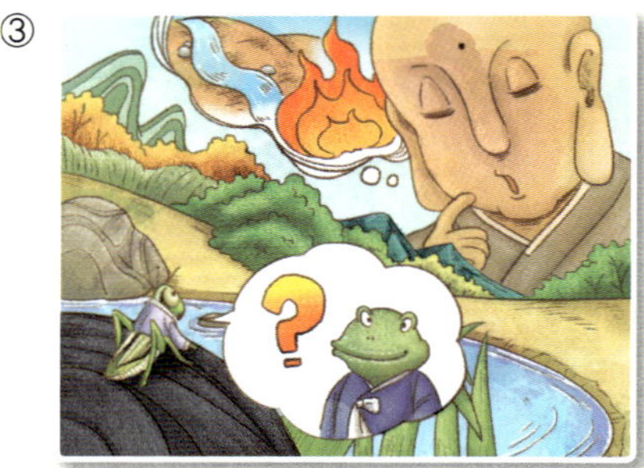

④ 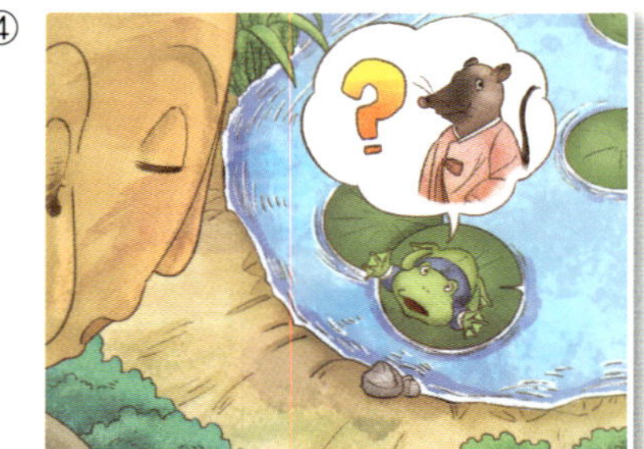

이야기를 읽어 봅시다.

　　하늘과 땅이 생길 때에 미륵님이 탄생했습니다. 그때는 하늘과 땅이 붙어 있었습니다. 미륵님은 하늘과 땅을 떼어 놓고 땅에 네 기둥을 세웠습니다. 그런데 해도 둘이고 달도 둘이었습니다. 미륵님은 해를 떼어 큰 별을 만들고 달을 떼어 작은 별들을 만들었습니다.

　　미륵님은 물과 불이 어디서 왔는지 알고 싶었습니다. 미륵님은 메뚜기에게 물어보았습니다. 메뚜기는 개구리에게 물어보라고 했습니다. 개구리는 생쥐에게 물어보라고 했습니다. 미륵님이 생쥐에게 물었습니다.

　　"생쥐야, 물이 어디서 왔는지, 불이 어디서 왔는지 아니?"

　　생쥐가 대답했습니다.

　　"말해 주면 무엇을 줄 거예요?"

　　미륵님이 대답했습니다.

　　"온 세상의 창고를 다 너에게 줄게."

　　생쥐가 웃으며 말했습니다.

　　"금정산에서 돌과 쇠를 톡톡 치니까 불이 생겼고요. 소하산 샘물에서 물이 솔솔 나왔지요."

　　이렇게 해서 미륵님은 물과 불의 근원을 알게 되었습니다. 그리고 온 세상의 창고는 생쥐 차지가 되었습니다.

79

생기다	미륵	탄생하다	붙다	떼다	기둥
메뚜기	개구리	생쥐	창고	쇠	톡톡
치다	샘물	솔솔	근원	차지	

? 질문에 답해 봅시다.

1 이야기의 내용과 **다른** 것을 고르세요.

① 세상이 처음 생겨났을 때 이야기입니다.

② 미륵님이 하늘과 땅을 떼어 놓았습니다.

③ 메뚜기가 물과 불을 처음 만들었습니다.

2 누가 물과 불의 근원을 알고 있었습니까?

① 생쥐

② 개구리

③ 메뚜기

3 이야기의 내용과 같은 것을 고르세요.

① 해를 떼어 작은 별을 만들었습니다.

② 금정산의 돌에서 물이 나왔습니다.

③ 쥐가 세상의 창고를 갖게 되었습니다.

 표현을 배워 봅시다.

1 –아/어 있다

앞의 말이 나타내는 상태가 계속될 때

동사	ㅏ, ㅗ: –아 있다	ㅏ, ㅗ 이외: –어 있다	–하다: 해 있다
	앉다: 앉아 있다 오다: 와 있다	붙다: 붙어 있다 닫히다: 닫혀 있다	입원하다: 입원해 있다 정지하다: 정지해 있다

- 그때는 하늘과 땅이 **붙어 있었습니다**.
- 가: 엄마랑 동생이 같이 왔다고 했지요? 어디에 있어요?

  나: 저쪽에 있어요. 엄마는 의자에 **앉아 계시고** 동생은 엄마 옆에

  서 있네요.

2 –아/어 놓다

앞의 말이 나타내는 행동을 끝내고 그 결과를 유지할 때

동사	ㅏ, ㅗ: –아 놓다	ㅏ, ㅗ 이외: –어 놓다	–하다: 해 놓다
	잡다 : 잡아 놓다 모으다 : 모아 놓다	만들다 : 만들어 놓다 세우다 : 세워 놓다	청소하다 : 청소해 놓다 준비하다 : 준비해 놓다

- 미륵님은 하늘과 땅을 **떼어 놓고** 땅에 네 기둥을 세웠습니다.
- 가: 이번 추석 연휴에 고향에 내려가세요? 기차표 구하셨어요?

  나: 네, 기차표가 빨리 매진될 것 같아서 미리 **사 놓았어요**.

 이야기의 내용을 바탕으로 가로세로 퀴즈를 풀어 봅시다.

가로

1 미륵님은 온 ○○의 창고를 쥐에게 주었습니다.
2 옛날에는 하늘과 땅이 ○○○○.
3 생쥐가 온 세상의 ○○을/를 차지하게 되었다.
6 '태어나다'와 비슷한 말. 하늘과 땅이 생길 때에 미륵님이 ○○○○.

세로

1 미륵님이 땅에 네 개의 기둥을 ○○○.
4 야옹야옹 우는 동물. 개와 사이가 좋지 않다.
5 미륵님이 하늘과 땅을 ○○○○.
7 ○○이/가 물과 불의 근원을 알고 있었습니다.

한국 문화 속의 쥐

작은 것을 표현할 때는 '쥐꼬리만큼'

작은 몸, 반짝거리는 두 눈, 쥐는 '미키 마우스' 캐릭터로 더 친숙하지요. 실제로 쥐를 볼 일은 없지만 우리는 거의 매일 컴퓨터 '마우스(mouse)'를 사용하고 있어요. 쥐의 몸통과 꼬리 모양과 닮아서 그런 이름이 붙여졌다고 합니다.

쥐를 본 사람은 많지만 오랫동안 본 사람은 없습니다. 나타났다 하면 금방 사라져 버리기 때문이지요. 쥐가 사라져 버린 구멍에서 볼 수 있는 것은 쥐의 꼬리 정도입니다.

아주 적은 양을 표현할 때 '쥐꼬리만큼'이라는 표현을 씁니다. 부족한 월급을 표현할 때 '쥐꼬리만하다'고 하기도 해요.

혹시 한국어 교실에서 '쥐꼬리 게임'을 해 본 적 있으세요? 동그랗게 둘러 앉아 검지 손가락을 코 밑에 대고 옆 사람에게 '쥐꼬리'라고 말하면 그 사람이 또 옆 사람에게 '쥐꼬리'라고 하는 게임이에요. 오른손 검지로 하면 왼쪽 방향으로, 왼손 검지로 하면 오른쪽 방향으로 돌게 되지요. 자기 순서에 빨리 '쥐꼬리'를 못하면 지는 게임입니다.

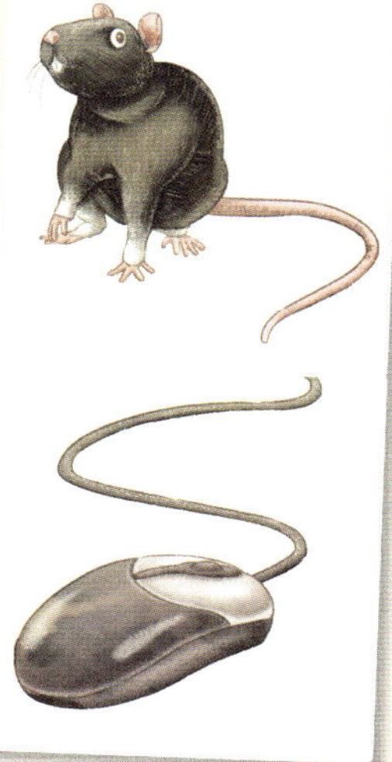

83

한국인의 유전자 '곰'

단군 신화

 **생각해 봅시다.**

1 한국인들은 '곰'에 대해 어떤 생각을 가지고 있을까요? 알맞은 것을 골라 보세요.

① 눈물이 많다 　　　② 쉽게 포기한다

③ 성격이 급하다 　　　④ 힘든 일을 잘 참는다

2 여러분 나라에서 좋게 생각하는 동물에는 무엇이 있어요? 왜 그 동물을 좋게 생각해요?

그림을 보고 이야기를 만들어 봅시다. 뒤에 어떤 이야기가 이어질지 상상해 봅시다.

① 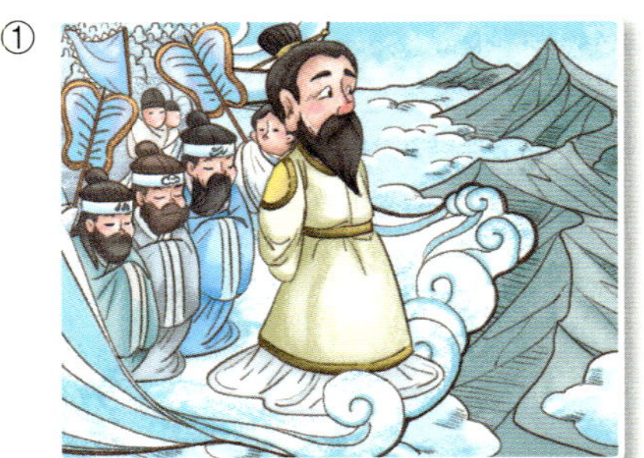

② 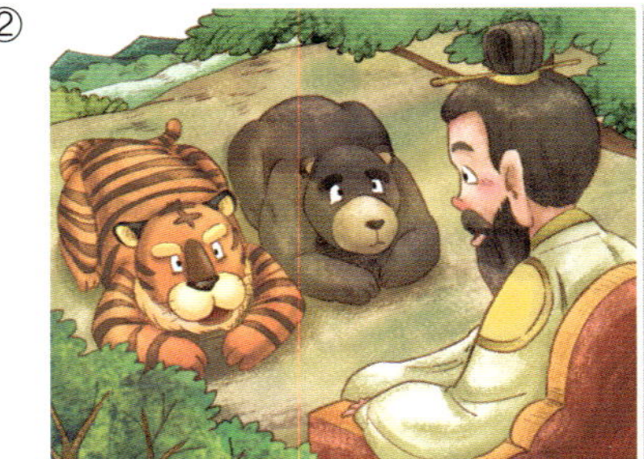

③ 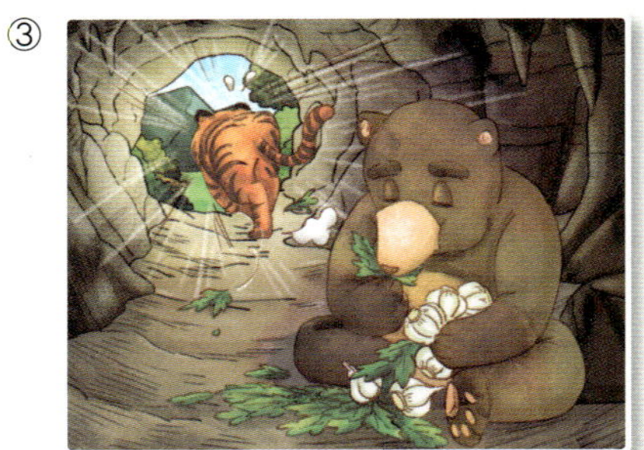

④ 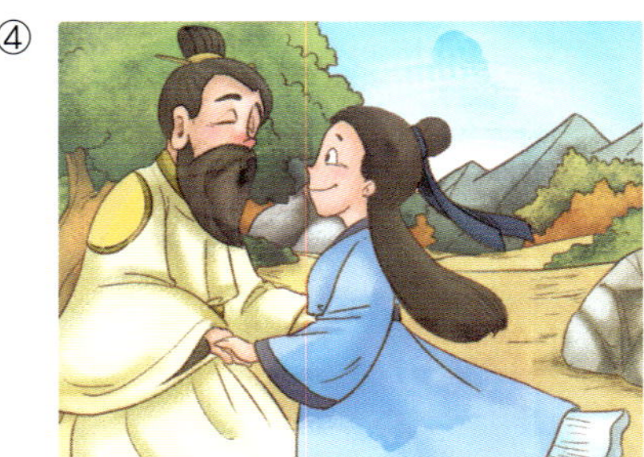

옛날 하늘나라에 임금님과 아들 '환웅(桓雄)'이 살았습니다. 환웅은 시간이 날 때마다 사람들이 사는 세상을 내려다보았습니다. 환웅은 인간 세상을 잘 다스리고 싶었습니다. 임금님은 환웅의 마음을 알고, 환웅을 태백산으로 보내기로 했습니다.

환웅은 삼천 명의 사람들과 함께 태백산 꼭대기의 신단수(神壇樹) 아래에 자리를 잡았습니다. 이곳을 '신시(神市)'라고 이름 지었습니다. 그리고 바람, 비, 구름의 신에게 곡식, 생명, 병, 형벌 등 360가지의 일을 다스리게 했습니다. 환웅 덕분에 사람들은 행복하게 지낼 수 있었습니다.

그때 태백산에는 곰과 호랑이가 동굴에 살고 있었습니다. 곰과 호랑이는 환웅에게 찾아와서 '저도 사람이 되게 해 주세요.'하고 빌었습니다. 환웅은 곰과 호랑이에게 말했습니다.

"쑥과 마늘을 먹고 100일 동안 햇빛을 보지 않으면 사람이 될 수 있다."

곰과 호랑이는 정말 사람이 되고 싶었습니다. 그래서 동굴 속에서 쑥과 마늘을 먹으면서 사람이 되기를 기다렸습니다.

호랑이는 쑥과 마늘만 먹는 것이 너무 힘들었습니다. 하루 이틀 참아 보았지만 견딜 수 없었습니다. 그래서 그만 포기하고 말았습니다. 결국 호랑이는 사람이 되지 못했습니다.

하지만 곰은 쑥과 마늘만 먹었습니다. 떫은 쑥과 매운 마늘을 먹으면 눈물이 찔끔 났습니다. 하지만 사람이 되고 싶은 마음으로 참고 또 참았습니다. 드디어 세 번의 일주일, 21일이 지났습니다. 털이 많았던 곰은 뽀얗고 예쁜 여자로 변했습니다.

여자가 된 곰인 '웅녀(熊女)'는 결혼을 하고 싶었습니다. 웅녀는 신단수 아래에서 아이를 갖게 해 달라고 빌었습니다. 그 모습을 본 환웅은 웅녀의 소원을 들어주어야겠다고 결심했습니다. 환웅은 잠시 인간의 모습으로 변하여 웅녀와 결혼하여 아들을 낳았습니다. 그 아들이 바로 '단군(檀君) 왕검(王儉)'입니다. 단군은 조선(朝鮮)을 세우고 천오백 년 동안 다스렸습니다.

내려다보다	다스리다	태백산	꼭대기
신단수	곡식	형벌	동굴
쑥	마늘	견디다	포기하다
떫다	찔끔	뽀얗다	아이를 갖다
소원	조선	세우다	

? 질문에 답해 봅시다.

1 이야기의 내용과 **다른** 것을 고르세요.

① 환웅이 인간 세상을 다스리고 싶었습니다.

② 환웅은 태백산 꼭대기에 자리를 잡았습니다.

③ 호랑이는 100일 동안 환웅을 기다렸습니다.

2 다음 빈칸에 들어갈 이름을 쓰세요.

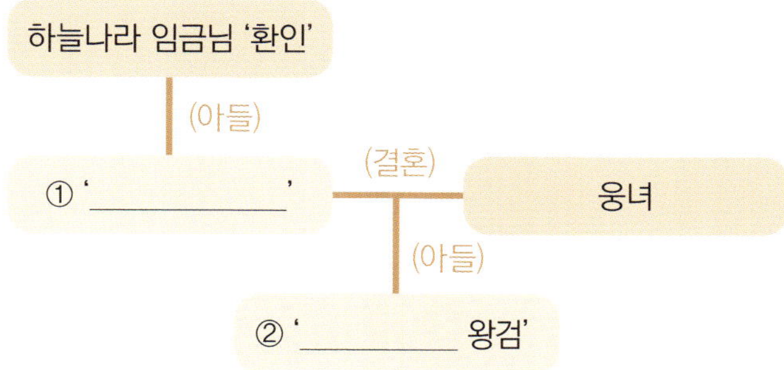

3 이야기의 내용과 같은 것을 고르세요.

① 호랑이가 예쁜 여자로 변했습니다.

② 곰은 쑥과 마늘을 좋아했습니다.

③ 단군이 '조선'이라는 나라를 세웠습니다.

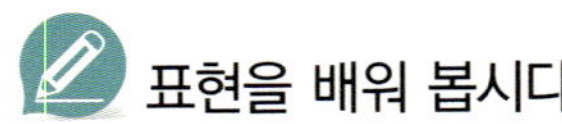 표현을 배워 봅시다.

1 덕분에

앞의 말이 뒤에 오는 내용에 좋은 영향을 끼칠 때

- 환웅은 나라를 잘 다스렸습니다. 환웅 **덕분에** 사람들은 행복하게 지낼 수 있었습니다.
- 가: 합격 축하해요. 이제 회사원이 되었네요.

  나: 감사합니다. 선생님 **덕분에** 정말 많이 배웠습니다.

2 -고 말았다

안타깝게도 어떤 일이 결국 일어났을 때

- 호랑이는 쑥과 마늘만 먹는 것이 너무 힘들었습니다. 그래서 그만 **포기하고 말았습니다**.
- 가: 왜 꽃을 다 버리셨어요? 무슨 일이 있어요?

  나: 제가 물을 계속 안 줬나 봐요. 꽃이 다 **죽고 말았어요**.

? 이야기의 내용을 바탕으로 가로세로 퀴즈를 풀어 봅시다.

가로

3 환웅이 인간 세상을 ○○○○.
5 환웅은 3,000명의 사람들과 함께 태백산 ○○○의 신단수 아래에 자리를 잡았습니다.
6 마늘의 맛은 맵고 쑥은 ○○.
8 단군이 조선을 ○○○.
9 환웅은 인간 세상을 잘 다스리고 싶었습니다. 임금님은 환웅의 ○○을/를 알았습니다.
10 호랑이는 쑥과 마늘만 먹는 것이 너무 힘들어서 못 ○○○.

세로

1 환웅은 하늘나라에서 사람들이 사는 세상을 ○○○○○.
2 곰과 호랑이는 동굴 속에서 쑥과 마늘을 먹으면서 사람이 되기를 ○○○○.
4 호랑이는 너무 힘들어서 사람이 되는 것을 그만 ○○○○.
7 곰은 참고 또 참았습니다. ○○○ 세 번의 일주일, 21일이 지났습니다.
9 곰은 100일 동안 쑥과 ○○만 먹었습니다.

세로 1. 내려다본다 2. 기다리다 4. 포기하다 7. 드디어 9. 마늘
가로 3. 다스리다 5. 꼭대기 6. 맛있다 8. 세우다 9. 마음 10. 견디다

한국 문화 속의 곰

느릿느릿, 우직한 곰

커다란 몸집에 순진하고 귀여운 표정, 곰이 사랑받는 이유입니다. 커다란 눈망울에 느릿느릿 움직이는 곰은 인기가 많습니다. 만화영화로 제작된 '곰돌이 푸'는 전 세계 어린이들에게 사랑받는 캐릭터지요.

여자로 변신해서 한국인의 조상이 된 웅녀(熊女) 때문에 곰은 한국인에게 더욱 친근합니다. 두 발로 땅을 딛고 서 있는 곰의 모습은 푸근한 어머니의 모습을 연상하게 합니다.

'곰 가재 뒤지듯'이라는 속담이 있습니다. 느릿느릿 일하거나 행동하는 것을 가리키는 말입니다. '곰보다 여우가 낫다'는 말도 역시 곰이 미련하다는 생각에서 비롯되었습니다. 하지만 실제로 곰은 미련하다기보다 지혜로운 동물이라고 하지요.

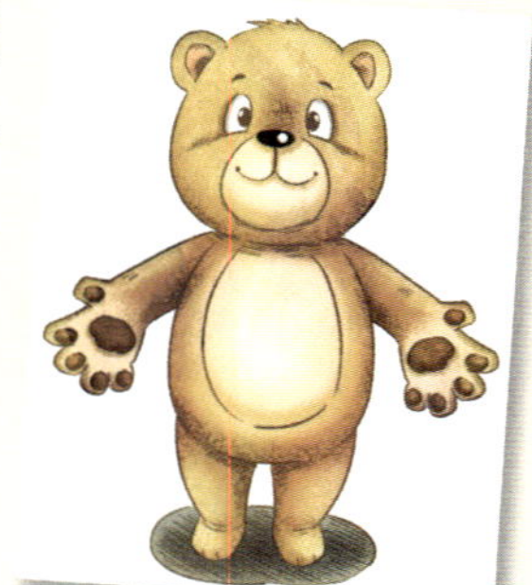

100일을 견디어 인간이 된 곰, 지혜롭지 않나요?

일식과 월식이 생기는 이유

불개 이야기

 생각해 봅시다.

1 다음 중 '개'에 대한 설명을 골라 보세요.

① 겁이 많다　　　　② 둔하다

③ 산에 산다　　　　④ 사람과 친하다

2 여러분 나라에도 해와 달에 관한 이야기가 있어요? 어떤 이야기예요?

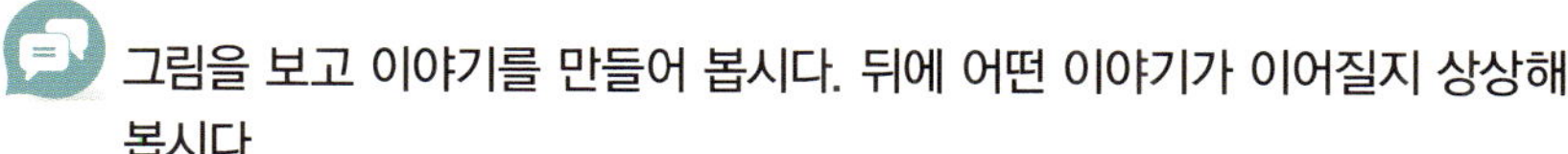 그림을 보고 이야기를 만들어 봅시다. 뒤에 어떤 이야기가 이어질지 상상해 봅시다.

① 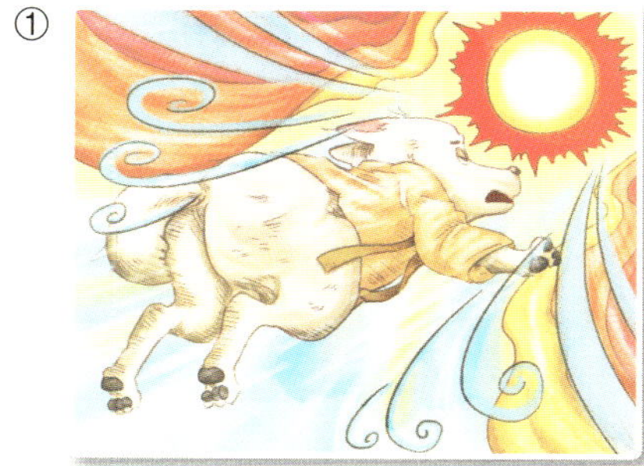

② 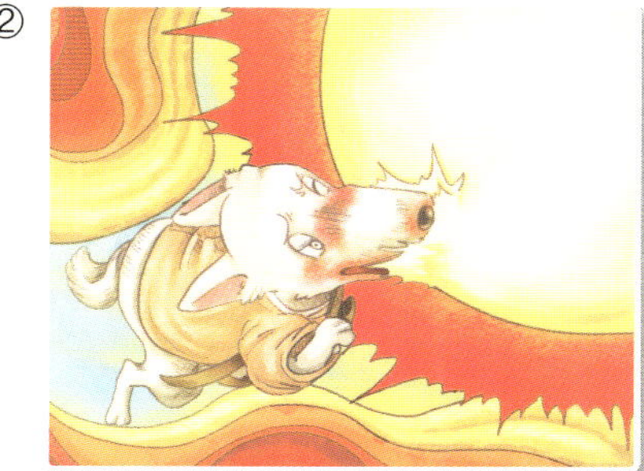

③ 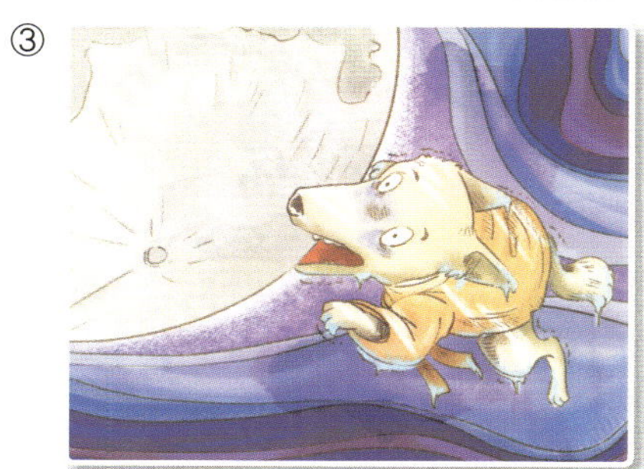

④ 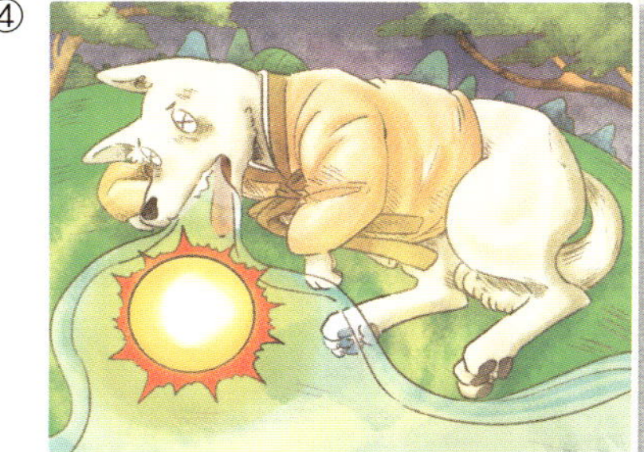

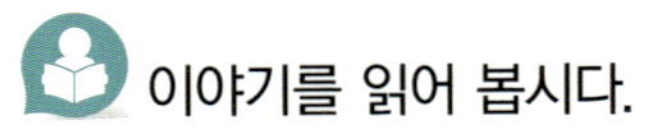 이야기를 읽어 봅시다.

멀고 먼 옛날, 해도 달도 없는 어둠의 나라가 있었습니다. 눈을 감아도 캄캄하고 떠도 캄캄해서 '어둠의 나라'라고 불렀습니다.

어느 날 용감한 개 한 마리가 어둠의 나라에 해와 달을 가져오겠다고 나섰습니다. 개는 세찬 바람과 맞서며 해를 향해 갔습니다. 얼마쯤 가자 붉은 해가 나타났습니다. 개는 힘껏 뛰어올라 붉은 해를 꽉 물었습니다. 그러나 해는 너무나 뜨거웠습니다. 개는 뜨거운 해를 몇 번이나 물었다가 놓아야 했습니다.

개는 해를 포기하고 달이 있는 곳으로 찾아갔습니다. 개는 달을 발견하고 힘껏 뛰어올랐습니다. 그리고 달을 입으로 꽉 물었습니다. 그런데 달은 너무나 차가워서 입에 물고 있을 수 없었습니다. 개는 달도 몇 번이나 물었다가 뱉었습니다.

결국 개는 해와 달 아무것도 가져오지 못하고 어둠의 나라로 돌아왔습니다. 돌아온 개는 지쳐서 그만 쓰러졌습니다. 그 순간, 개의 입에서 밝은 빛이 쏟아져 나왔습니다.

"와! 이제 어둠의 나라에도 빛이 생겼다."

사람들은 빛을 보고 소리치며 기뻐했습니다.

개의 입에서 나온 빛은 어둠의 나라를 환하게 비추어 주었습니다. 사람들은 빛이 나오는 개를 '불개'라고 불렀습니다.

지금도 우리가 사는 지구에 '일식'과 '월식'이 생기는 이유는 그때 어둠의 나라에서 불개가 해와 달을 물었다가 놓았기 때문이라고 합니다.

어둠	캄캄하다	용감하다	세차다
맞서다	힘껏	뛰어오르다	꽉
물다	발견하다	뱉다	아무것
지치다	환하다	비추다	지구
일식	월식		

1 이야기의 내용과 **다른** 것을 고르세요.

① 개가 해를 물었다가 뱉었습니다.

② 달은 너무나 차가웠습니다.

③ 개는 해를 포기하고 달을 가져왔습니다.

2 사람들이 왜 '불개'라고 불렀습니까?

① 밝은 빛이 쏟아져서

② 몸이 너무 뜨거워서

③ 달을 입에 물고 있어서

3 이야기의 내용과 **다른** 것을 고르세요.

① 옛날에는 낮에도 밤에도 계속 환했습니다.

② 용감한 개 덕분에 어둠의 나라에 빛이 생겼습니다.

③ 해와 달을 물었다가 놓아서 일식과 월식이 생겼습니다.

 표현을 배워 봅시다.

1 -아/어도

앞의 말을 가정하거나 인정하지만 뒤의 말에 영향을 끼치지 않을 때

동사/ 형용사	ㅏ, ㅗ: -아도	ㅏ, ㅗ 이외: -어도	-하다: 해도
	알다: 알아도 좁다: 좁아도	먹다: 먹어도 크다: 커도	공부하다: 공부해도 미안하다: 미안해도

- 눈을 **감아도** 캄캄하고 **떠도** 캄캄해서 모두 어둠의 나라라고 불렀습니다.
- 가: 오늘은 식사를 많이 하시네요?
  나: 살이 찌려나 봐요. 많이 **먹어도** 배가 안 고파요.

2 -았/었다가

앞 말이 나타내는 행동을 끝낸 뒤에 뒤의 행동을 할 때

동 사	ㅏ, ㅗ: -았다가	ㅏ, ㅗ 이외: -었다가	-하다: 했다가
	잡다: 잡았다가 사다: 샀다가	물다: 물었다가 입다: 입었다가	준비하다: 준비했다가 청소하다: 청소했다가

- 개는 뜨거운 해를 몇 번이나 **물었다가** 놓아야 했습니다.
- 가: 지난주에 저랑 같이 산 옷 왜 안 입어요??
  나: **샀다가** 집에서 입어 보니 사이즈가 작아서 반품했어요.

이야기의 내용을 바탕으로 가로세로 퀴즈를 풀어 봅시다.

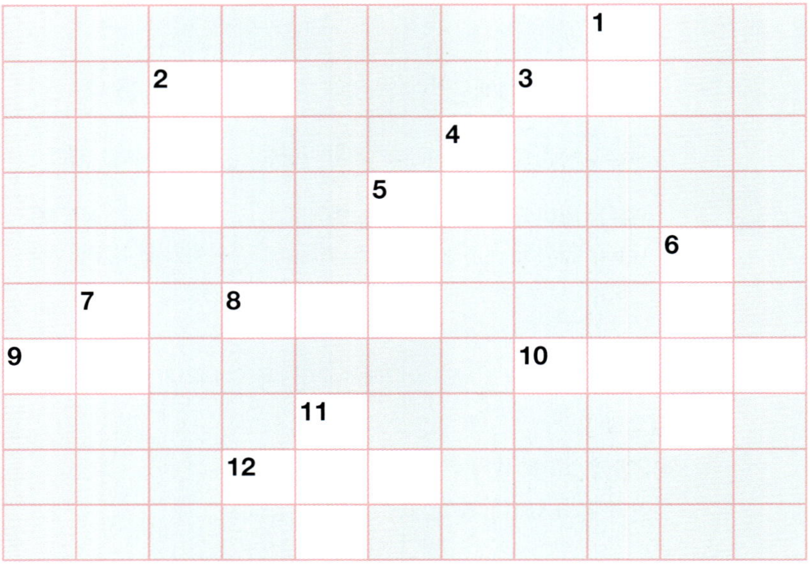

가로

2 해도 달도 없는 ○○의 나라 이야기.
3 개는 힘껏 뛰어올라 붉은 해를 입으로 꽉 ○○.
5 우리가 사는 곳은 ○○입니다. ○○을/를 보호합시다.
8 빛이 나와서 온 나라가 ○○○.
9 불개가 해를 물었다가 놓아서 ○○이/가 생겼습니다.
10 어둠의 나라에서는 빛이 없어서 눈을 떠도 ○○○○.
12 개는 해와 달 ○○○도 가져오지 못했습니다.

세로

1 개가 해를 물었다가 너무 뜨거워서 곧 ○○.
2 아버지, ○○○은/는 부모님입니다.
4 서로 친하게 지내는 사람.
5 개는 해와 달을 가져오지 못하고 힘들어서 ○○○.
6 세찬 바람과 맞서며 해와 달을 가지러 간 개는 매우 ○○○○.
7 불개가 달을 물었다가 놓아서 ○○이/가 생겼습니다.
11 달을 입에 물었으나 달은 ○○○ 차가웠습니다.

가로 2. 어둠 3. 물다 5. 지구 8. 환하다 9. 일식 10. 캄캄하다 12. 아무것
세로 1. 뱉다 2. 어머니 4. 친구 5. 지치다 6. 용감하다 7. 월식 11 너무나

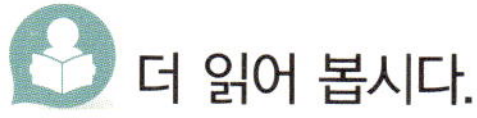 더 읽어 봅시다.

한국 문화 속의 동물과 놀이

윷놀이 – 돼지, 개, 양, 소, 말!

윷놀이 해 보셨나요? 네 개의 윷가락을 던져 말판을 먼저 통과한 팀이 이기는 게임입니다.

윷이 하나 뒤집어지면 '도', 두 개면 '개', 세 개면 '걸'입니다. 모두 뒤집어지면 '윷', 모두 엎어지면 '모'이지요. 말판에서 도는 한 칸, 개 는 두 칸, 걸은 세 칸, 윷은 네 칸, 모는 다섯 칸 갈 수 있습니다. 윷이나 모가 나오면 한 번 더 할 수 있지요.

'도, 개, 걸, 윷, 모'는 동물의 이름입니다. 옛날 부여(扶餘, 기원전 3세기~494년, 한국의 고대국가)의 귀족 가문 이름에서 비롯되었습니다. 도는 '돼지', 개는 '개', 걸은 '양', 윷은 '소', 모는 '말'입니다. 뒤집어진 윷이 많을수록 큰 동물 이름이 붙었습니다. 동물의 몸집이 커질수록 움직이는 칸도 늘어나지요.

윷놀이 하면서 '도'라고 하면 사실은 '돼지'라고 부른다는 것, 잊지 마세요!

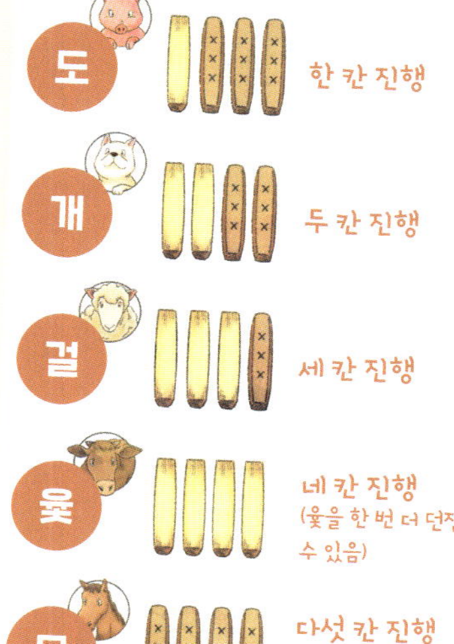

참새와 파리

참새와 파리 이야기

 생각해 봅시다.

1 다음 중 '참새'에 대한 설명을 <u>모두</u> 골라 보세요.

① 쌀을 먹는다　　　　② 잘 날지 못한다

③ 힘든 일을 잘 참는다　　④ 폴짝폴짝 뛰어다닌다

2 여러분 나라에서 '파리'는 어떤 느낌이 있어요? 왜 그렇게 생각해요?

그림을 보고 이야기를 만들어 봅시다. 뒤에 어떤 이야기가 이어질지 상상해 봅시다.

① 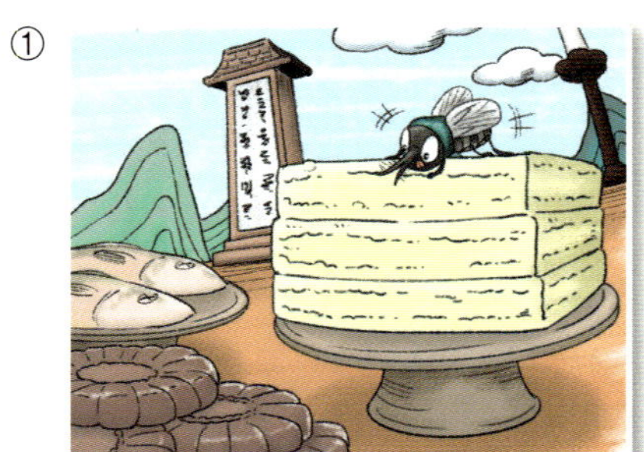

② 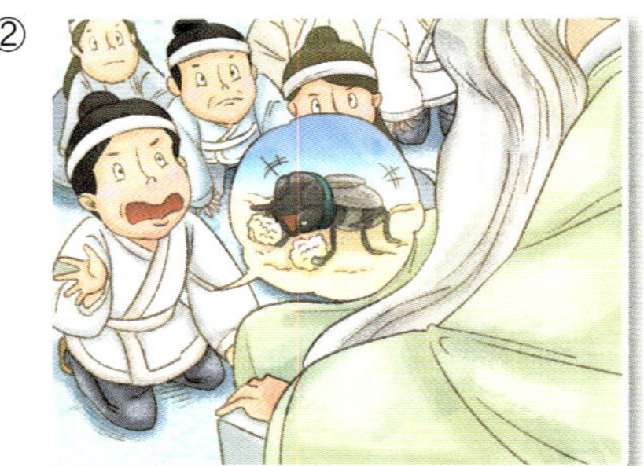

③ 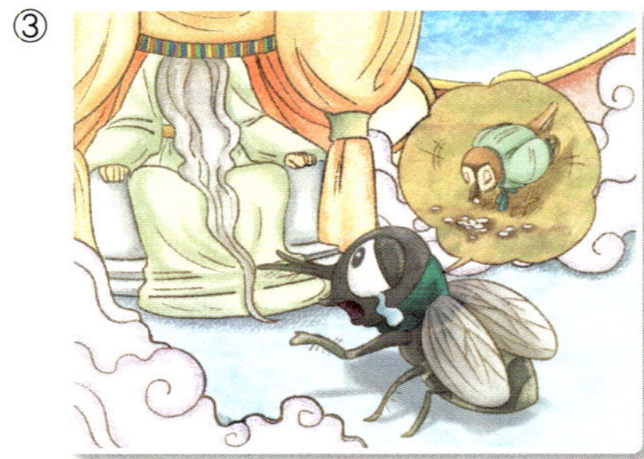

④ 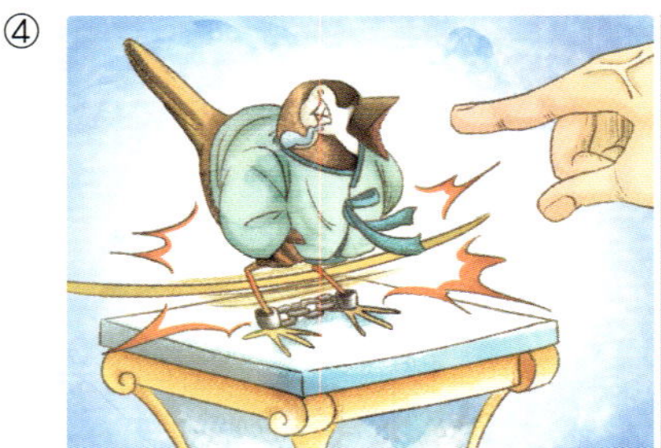

이야기를 읽어 봅시다.

　가을 추수가 끝나고 하느님께 제사를 지내기 위해 떡을 차려 놓았습니다. 이때 갑자기 파리가 날아와서 하느님보다 먼저 떡을 먹었습니다. 사람들이 하느님께 그 사실을 일렀습니다.
　하느님이 파리를 잡아다가 말했습니다.
　“사람들이 나에게 주려고 정성스럽게 만들어 놓은 떡을 네가 먼저 먹었다고?”
　파리가 하느님께 말했습니다.
　“너무 억울해요. 하느님.”
　“뭐가 억울하다는 거냐?”
　“오랜만에 맛있는 떡을 보니까 하도 맛있어 보여서 살짝 맛을 보기는 했어요. 하지만 저보다 더 먼저 먹은 동물이 있어요.”
　“그게 누구냐?”
　“참새는 떡을 만들기도 전에 쌀을 야금야금 먹었다고요.”
　하느님은 참새를 오라고 해서 참새 다리를 찰싹찰싹 때렸습니다. 참새는 매를 맞고 너무 아파서 폴짝폴짝 뛰었습니다. 그때부터 참새는 땅 위에서 폴짝폴짝 뛰어다니게 되었습니다.
　매를 한 대도 맞지 않은 파리는 하느님에게 고맙다고 지금도 앞발이 닳도록 싹싹 빈다고 합니다.

추수	제사	차리다	파리	이르다	정성스럽다
억울하다	하도	살짝	맛을 보다	참새	야금야금
찰싹찰싹	때리다	매를 맞다	폴짝폴짝	닳다	싹싹

 질문에 답해 봅시다.

1 이야기의 내용과 <u>다른</u> 것을 고르세요.

① 파리가 제사 지낼 떡을 먹었습니다.

② 파리는 하느님께 매를 맞았습니다.

③ 파리는 하느님께 억울하다고 말했습니다.

2 참새는 왜 폴짝폴짝 뛰어다닌다고 합니까?

① 매를 맞고 아파서

② 쌀을 먹기 위해서

③ 파리를 잡으려고

3 파리는 왜 앞발이 닳도록 싹싹 빈다고 합니까?

① 참새에게 미안해서

② 하느님께 고마워서

③ 먹을 것을 찾으려고

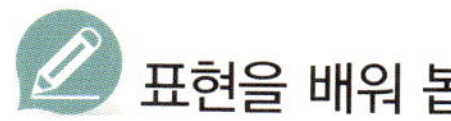 표현을 배워 봅시다.

1 -다고?

들은 사실을 되물으면서 확인할 때

형용사	-다고	동사	받침 ○: -는다고	받침 X, ㄹ: -ㄴ다고
	작다: 작다고 크다: 크다고		입다: 입는다고 맞다: 맞는다고	이르다: 이른다고 울다: 운다고

- 사람들이 나에게 주려고 정성스럽게 만들어 놓은 떡을 네가 먼저 **먹었다고**?
- 가: 내일 비가 **온다고**?

  나: 응. 내일 친구들하고 축구하려고 했는데, 비가 온다고 해서 취소했어.

2 -기는 하다

앞의 말이 나타내는 행동이나 상태를 강조할 때

- 오랜만에 맛있는 떡을 보니까 하도 맛있어 보여서 살짝 **맛을 보기는 했어요.**
- 가: 이번 여름에 부산으로 여행을 가려고 하는데, 차를 가져갈지 말지 고민이에요.

  나: 혼자 가는 거면 그냥 KTX 타고 가세요. 돈이 좀 들지만 KTX가 **빠르기는 해요.**

이야기의 내용을 바탕으로 가로세로 퀴즈를 풀어 봅시다.

			1		**2**			**3**	
	4								
					5				
		6						**7**	
		8							
				9			**10**		
			11						
12									

가로

4 하느님이 참새 다리를 ○○○. 참새가 매를 맞다.
5 '아주', '너무'와 비슷한 말. 떡이 ○○ 맛있어 보여서 맛을 보기는 했어요.
7 한국에서 많이 볼 수 있는 새. ○○이/가 쌀을 야금야금 먹었어요.
8 사람들이 하느님께 파리가 먼저 떡을 먹은 ○○을/를 일렀습니다.
9 하느님이 참새 다리를 ○○○○ 때렸습니다.
12 참새는 땅 위에서 ○○○○ 뛰어다니게 되었습니다.

세로

1 파리가 하느님께 고맙다고 계속 빌어서 앞발이 ○○.
2 파리는 하느님께 '○○○○'고 말했다. 자기보다 참새가 더 나쁘다고 일렀다.
3 가을 ○○이/가 끝나면 사람들이 쌀로 떡을 만들었습니다.
6 가을에 사람들이 하느님께 ○○을/를 지내기 위해 떡을 차려 놓았습니다.
7 '견디다'와 비슷한 말. 힘든 일을 ○○.
10 매를 맞지 않은 파리는 하느님에게 고마워서 지금도 앞발이 닳도록 ○○ 빈다고 합니다.
11 그 친구가 오디션에 합격했다는 소식을 듣고 ○○ 놀랐어요.

한국 문화 속의 참새

매일 집 앞에서 보는 친구 같은 새

유치원 아이들이 줄을 맞춰서 걸어갈 때 선생님이 "참새" 하면 아이들이 "짹짹"하고 대답합니다. 참새는 몸길이 약 14cm, 갈색 몸에 검은 세로줄 무늬가 있는 귀여운 새입니다. 해로운 벌레를 잡아먹어서 농사에 도움이 되는 고마운 새입니다.

참새는 봄, 여름에는 벌레와 열매를 먹습니다. 가을에는 방앗간 근처에 모여 쌀을 먹습니다. 그래서 "눈치가 참새 방앗간 찾기다."라는 속담이 생겼습니다. 참새가 방앗간을 잘 찾는 것처럼 눈치가 빠르다는 말입니다. 사람들이 자주 모이는 장소를 '참새 방앗간'이라고 합니다.

참새는 사계절 내내 한국에 사는 새입니다. 한국 사람에게 친근한 새이지요. 나무가 있는 곳이라면 잠깐 돌아보세요. 발 밑에서 통통통통 뛰어가는 갈색 새가 있다면 참새가 틀림없을 거에요.

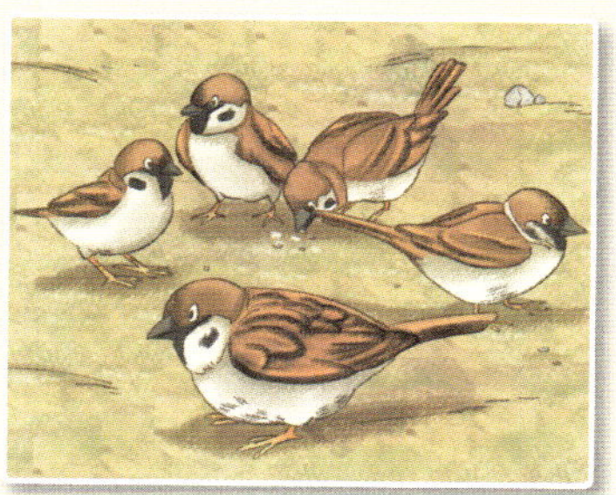

지렁이의 눈먼 욕심

지렁이와 가재

 생각해 봅시다.

1 다음 중 '지렁이'에 대한 설명을 <u>모두</u> 골라 보세요.

① 햇빛을 좋아한다   ② 몸이 길다

③ 몸이 크다   ④ 땅 속에 산다

2 다음 중 '가재'에 대한 설명을 <u>모두</u> 골라 보세요.

① 물에 산다   ② 안 보이는 곳에 눈이 있다

③ 집게가 있다   ④ 껍질이 딱딱하다

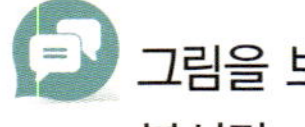 그림을 보고 이야기를 만들어 봅시다. 뒤에 어떤 이야기가 이어질지 상상해 봅시다.

①
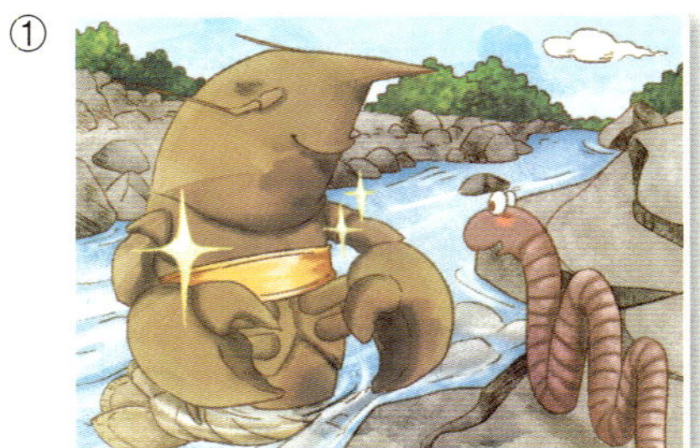

②
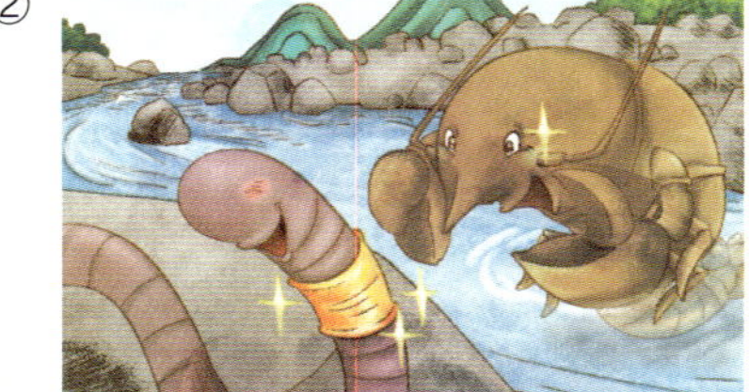

③
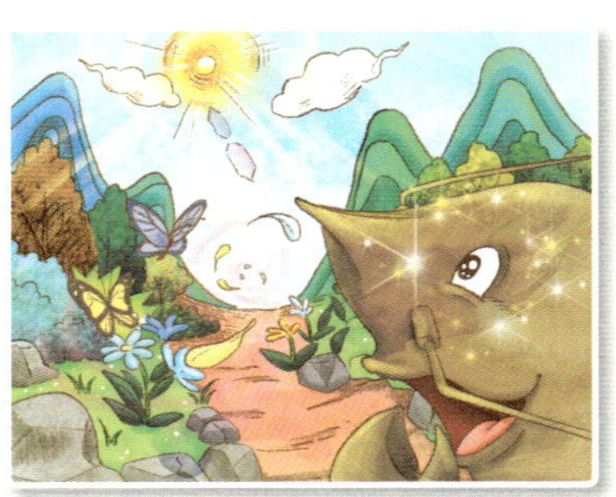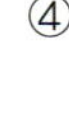

④
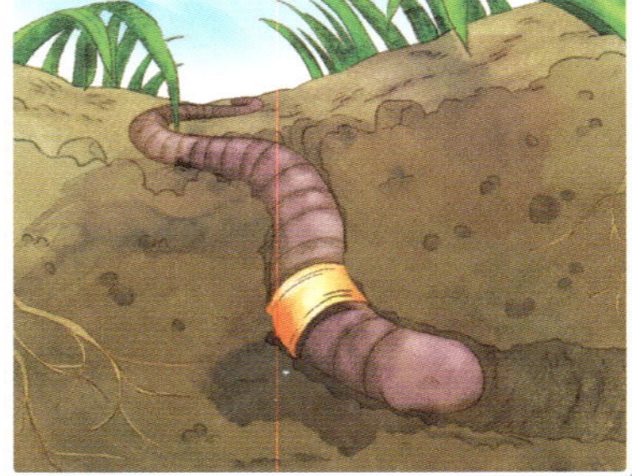

이야기를 읽어 봅시다.

　옛날, 지렁이는 눈이 있고 가재는 눈이 없었을 때 이야기입니다. 천천히 냇가를 걷던 지렁이가 가재를 만났습니다. 가재의 허리에 금색 허리띠를 차고 있었습니다. 지렁이는 가재의 금띠가 너무 부러웠습니다.

　"가재야, 금띠 정말 멋있다. 햇빛이 비치니 더 멋있는데? 나 한번만 해 봐도 돼?"

　"좋아, 내가 띠를 빌려 줄 테니 너는 눈을 빌려 줘."

　이렇게 해서 지렁이는 금띠를 갖고 가재는 눈을 갖게 되었습니다.

　가재는 눈을 깜빡거려 보았습니다. 갑자기 세상이 밝아졌습니다. 눈앞에 펼쳐진 세상은 정말 아름다웠습니다.

　하지만 눈이 없는 지렁이는 답답하기만 했습니다. 금띠를 받기는 했지만 금띠를 두른 자기의 모습을 볼 수 없었기 때문입니다.

　지렁이는 가재의 눈을 잡아당기며 눈을 돌려달라고 했습니다. 하지만 가재는 끝내 눈을 돌려주지 않았습니다. 지렁이가 하도 잡아당겨서 가재의 눈은 그때부터 툭 튀어나오게 되었습니다.

　아무것도 볼 수 없게 된 지렁이는 땅 속에 들어가 살게 되었습니다. 지렁이는 억울해서 지금도 "에그르르르르"하고 웁니다.

15. 지렁이의 눈과 욕심

105

지렁이	가재	냇가	금색	허리띠	차다
부럽다	햇빛	비치다	빌리다	이렇게	깜빡거리다
펼쳐지다	답답하다	두르다	자기	모습	잡아당기다
돌려주다	끝내	툭	튀어나오다		

1 이야기의 내용과 <u>같은</u> 것을 고르세요.

① 지렁이가 가재의 눈을 빼앗았습니다.

② 지렁이가 금띠를 갖게 되었습니다.

③ 지렁이와 가재가 친구가 되었습니다.

2 가재의 눈은 왜 튀어나오게 되었습니까?

① 지렁이가 튀어나온 눈을 주어서

② 밝은 세상을 더 많이 보고 싶어서

③ 지렁이가 눈을 돌려달라고 잡아당겨서

3 이야기의 내용과 <u>같은</u> 것을 고르세요.

① 가재는 지렁이에게 눈을 돌려주었습니다.

② 지렁이는 땅 속에 들어가 살게 되었습니다.

③ 지렁이는 금띠를 가지고 행복하게 잘 살았습니다.

 표현을 배워 봅시다.

1 –(으)ㄹ 테니

말하는 사람의 의지를 나타낼 때

동사	받침 ○: –을 테니	받침 X, ㄹ: –ㄹ 테니
	찾다: 찾을 테니 먹다: 먹을 테니	가다: 갈 테니 만들다: 만들 테니

- 좋아, 내가 띠를 빌려 줄 테니 너는 눈을 빌려 줘.
- 가: 집안일이 많이 밀려 있네. 내가 좀 도와줄까?
  나: 그래? 그럼 내가 설거지를 할 테니 너는 청소를 할래?

2 –(으)며

두 가지 이상의 동작이나 상태가 함께 일어남을 나타낼 때

동사/ 형용사	받침 ○: –으며	받침 X, ㄹ: –며
	읽다: 읽으며 받다: 받으며	쓰러지다: 쓰러지며 빌다: 빌며

- 지렁이는 가재의 눈을 잡아당기며 눈을 돌려달라고 했습니다.
- 가: 일하며 공부하는 것이 정말 힘들지요?
  나: 조금 힘들기는 하지만, 괜찮아요.

❓ 이야기의 내용을 바탕으로 가로세로 퀴즈를 풀어 봅시다.

가로

3 옛날에 지렁이는 눈이 있고 ○○은/는 눈이 없었을 때 이야기입니다.
4 가재는 허리에 금색 ○○○을/를 차고 있었습니다.
7 지렁이는 가재의 금띠를 가지고 싶었습니다. 가재가 너무 ○○○.
9 아무것도 볼 수 없게 된 ○○○은/는 땅 속에 들어가 살게 되었습니다.
11 가재가 허리에 금색 허리띠를 ○○.
12 눈이 없는 지렁이는 자기의 모습을 볼 수 없었습니다. 너무 ○○○○.

세로

1 천천히 ○○를 걷던 지렁이가 가재를 만났습니다.
2 친구에게 돈을 ○○○. 지렁이는 가재의 금띠를 ○○○. 가재는 지렁이의 눈을 ○○○.
5 금띠에 햇빛이 ○○○.
6 눈이 없어진 지렁이가 가재의 눈을 ○○○○○.
8 지렁이가 잡아당겨서 가재의 눈이 툭 ○○○○○.
10 "내가 띠를 빌려 줄 테니 너는 눈을 빌려줘." ○○○ 해서 지렁이는 금띠를 갖고 가재는 눈을 갖게 되었습니다.
13 지렁이가 ○○ 잡아당겨서 가재의 눈은 그때부터 툭 튀어나오게 되었습니다.

가로 1. 가재 4. 허리띠 7. 부럽다 9. 지렁이 11. 차다 12. 답답하다
세로 1. 길가 2. 빌리다 5. 비치다 6. 부러워하다 8. 튀어나오다 10. 이렇게 13. 힘껏

한국 문화 속의 가재

돌 밑에 사는 가재

가재는 냇물이나 도랑에 삽니다. 몸길이가 6cm로 작습니다. 몸은 새우와 닮았습니다. 그런데 발이 게와 닮았기 때문에 '가재는 게 편이다'라는 속담이 있습니다. 게는 아니지만 발이 게와 닮았기 때문에 가재가 게의 편을 든다는 것이지요.

가재는 돌 속에 숨어 살기 때문에 도랑을 청소할 때 가재가 잡히기도 합니다. 그래서 '도랑 치고 가재 잡기'라는 속담이 생겼습니다. 도랑을 청소하다 보니 가재도 잡게 되었다는 의미입니다. '일석이조(一石二鳥)'라는 의미이지요.

날씨가 따뜻해지면 작은 냇가에 발을 담그고 살짝 돌을 들어 보세요. 깜짝 놀란 가재가 더듬이를 움직이며 인사할지도 몰라요.

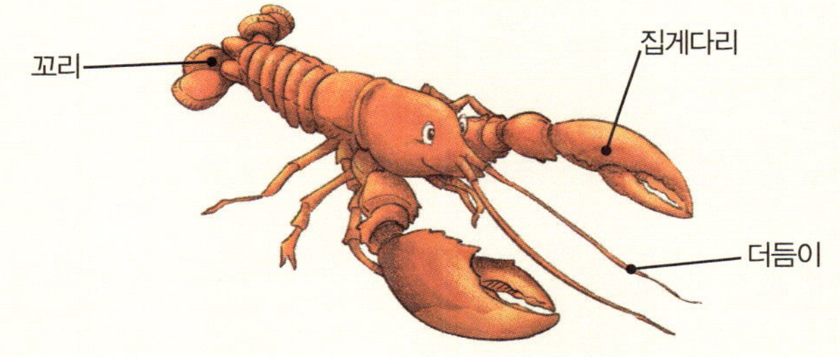

지렁이 왕

견훤 이야기

 생각해 봅시다.

1 다음 중 '지렁이'에 대한 설명을 <u>모두</u> 골라 보세요.

① 몸이 길다　　　　　② 물을 좋아한다

③ 몸집이 크다　　　　④ 나무 위에 산다

2 지렁이를 본 적이 있어요? 느낌이 어땠어요?

그림을 보고 이야기를 만들어 봅시다. 뒤에 어떤 이야기가 이어질지 상상해 봅시다.

① 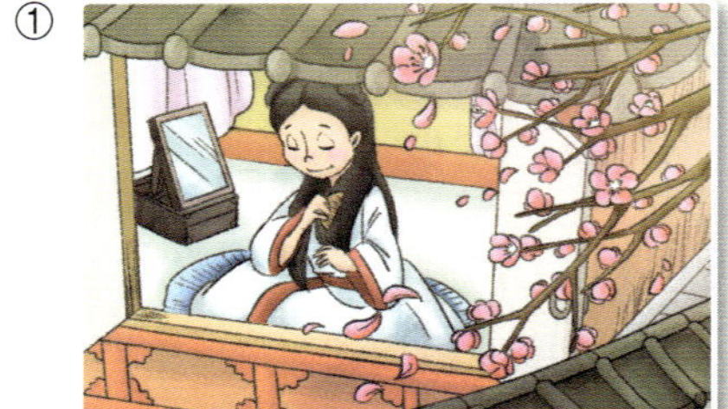

② 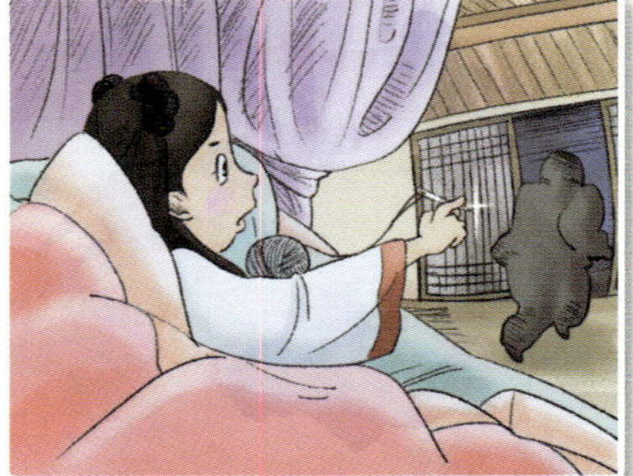

③ 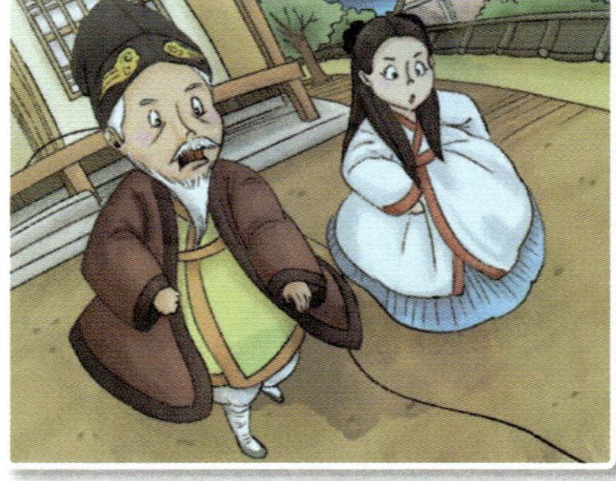

④ 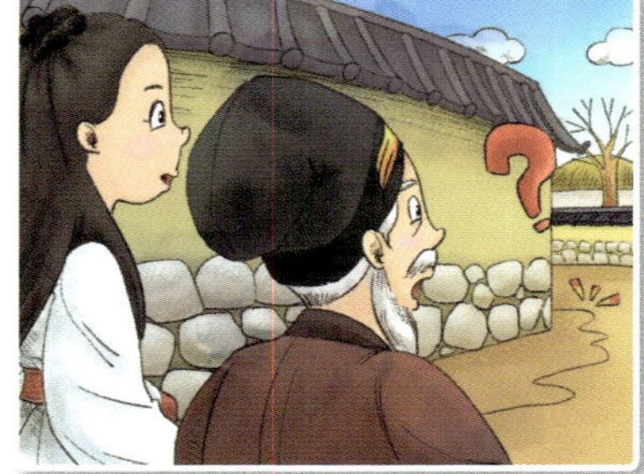

이야기를 읽어 봅시다.

　옛날 어느 부자에게 예쁜 딸이 있었습니다. 밤이 되면 어떤 남자가 딸에게 왔다가 새벽이 되면 사라졌습니다. 어느 날 딸은 이 사실을 아버지에게 말씀드렸습니다.

　아버지는 깜짝 놀랐습니다. 아버지는 그 남자가 다시 오거든 바늘에 실을 꿰어 남자의 옷에 꽂아 두라고 당부했습니다. 남자가 누구인지 알 수 없었기 때문입니다. 그날 밤에도 남자가 왔습니다. 딸은 아버지의 말대로 바늘에 실을 꿰어 남자의 옷에 꽂아 두었습니다. 남자는 옷에 바늘이 달려 있는 줄도 모르고 사라졌습니다.

　드디어 밤이 지나 날이 밝았습니다. 아버지는 딸과 함께 실을 따라가 보았습니다. 실은 방을 지나, 마당을 지나 담 쪽으로 길게 이어져 있었습니다. 담을 따라 계속 가 보았습니다. 실은 북쪽 담 밑에서 끝났습니다. 북쪽 담 밑 커다란 지렁이의 허리에 바늘이 꽂혀 있었습니다. 밤마다 딸을 찾아온 남자는 바로 지렁이였던 것입니다. 이후 부자의 딸은 아들을 낳았습니다. 그가 바로 후백제(892년~936년)를 건국한 견훤(甄萱)입니다.

　견훤은 나이 15세에 전주(全州, 전라북도 전주)에서 후백제를 건국하여 약 35년 간 다스렸습니다.

사라지다	사실	바늘	실	꿰다	당부하다
달리다	지나다	날이 밝다	마당	담	이어지다
북쪽	꽂히다	후백제	건국하다	전주	

? 질문에 답해 봅시다.

1 이야기의 내용과 **같은** 것을 고르세요.

① 후백제를 건국한 사람은 여자입니다.

② 후백제에는 지렁이가 많았습니다.

③ 후백제 견훤의 아버지는 지렁이입니다.

2 여자는 왜 바늘을 남자의 옷에 꽂았습니까?

① 남자의 옷을 만들어 주려고

② 남자가 누구인지 알고 싶어서

③ 남자가 부탁했기 때문에

3 이야기의 내용과 **다른** 것을 고르세요.

① 밤마다 딸을 찾아온 남자는 지렁이였습니다.

② 실을 꽂은 바늘은 견훤의 다리에서 발견되었습니다.

③ 견훤은 열다섯 살에 후백제라는 나라를 세웠습니다.

 표현을 배워 봅시다.

1 -아/어 두다

앞의 행동을 끝내고 그 결과를 유지할 때

동사	ㅏ, ㅗ: -아 두다	ㅏ, ㅗ 이외: -어 두다	-하다: 해 두다
	받다: 받아 두다 놓다: 놓아 두다	세우다: 세워 두다 적다: 적어 두다	준비하다: 준비해 두다 정리하다: 정리해 두다

- 아버지는 바늘에 실을 꿰어 남자의 옷에 **꽂아 두라고** 당부했습니다.
- 가: 가게 앞에 차를 **세워 두었는데** 괜찮을까요?

  나: 거기 주차하면 안 돼요. 건물 뒤 주차장에 세워 두세요.

2 대로

앞의 말을 따르거나 그 내용과 달라짐이 없음을 나타낼 때

- 딸은 아버지의 **말대로** 바늘에 실을 꿰어 남자의 옷에 꽂아 두었습니다.
- 가: 저 이번에 시험 잘 보면 약속한 거 꼭 지키셔야 해요.

  나: 그래. **약속대로** 휴대폰 새로 사 줄게.

 이야기의 내용을 바탕으로 가로세로 퀴즈를 풀어 봅시다.

가로

1 어떤 남자가 밤마다 딸을 찾아왔습니다. 딸은 이 ○○을/를 아버지에게 말씀 드렸습니다.
2 이야기에서 견훤은 ○○○의 아들입니다.
4 북쪽 담 밑 커다란 지렁이의 허리에 바늘이 ○○○.
6 드디어 밤이 ○○○. 날이 밝았습니다.
8 실은 방을 지나, ○○을/를 지나 담 쪽으로 이어져 있었습니다.
10 밤마다 딸을 찾아온 남자는 ○○ 지렁이었던 것입니다.
11 견훤은 전주에서 후백제를 ○○○○. 나라를 세우다.

세로

1 밤이 되면 어떤 남자가 딸에게 왔다가 새벽이 되면 ○○○○.
3 실은 마당을 지나 담 쪽으로 길게 ○○○○.
5 바늘에 실을 ○○.
7 딸은 아버지의 말을 따랐습니다. 아버지의 ○○○ 바늘에 실을 꿰어 남자의 옷에 꽂아 두었습니다.
9 아버지는 딸에게 남자의 옷에 바늘을 꽂아 두라고 ○○○○.
10 ○○에 실을 꿰어 남자의 옷에 꽂아 두었습니다.

한국 문화 속의 지렁이

비 오는 날 외출하는 동물

비가 오면 땅 위에서 반짝거리는 동물! 지렁이입니다. 지렁이는 비가 오면 땅에 물이 차기 때문에 숨을 쉬기 위해 땅 위로 올라옵니다. 비가 올 때 지렁이를 밟지 않으려고 피해 본 적이 있지요?

한국에서 지렁이는 원래 '지룡(地龍)'입니다. 땅 위에 사는 용이라는 뜻이지요. 사람들의 발밑에 있는 작은 동물이 용이라니! 아마 그런 이유 때문에 견훤이 지렁이의 아들이라는 상상력도 가능했을 거예요. 견훤은 '용의 아들'인 셈이지요.

지렁이는 흙에 배설하여 흙을 풍부하게 만듭니다. 지렁이는 농사를 돕는 착한 동물입니다. 지렁이가 뒤집어 놓은 흙은 식물들이 자라기에 아주 좋지요.

비 오는 날 외출하는 지렁이를 만나 보세요. 어차피 햇빛이 강한 날에는 지렁이도 외출하지 않으니까요.

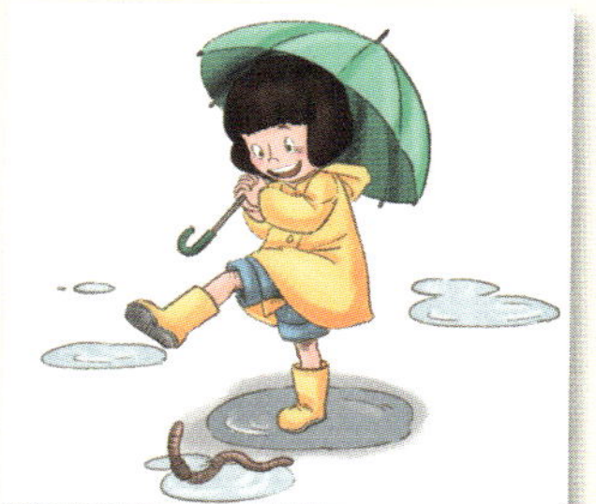

115

용이 되어 지킨 사랑

선묘 용

 생각해 봅시다.

1 다음 중 '용'에 대한 설명을 <u>모두</u> 골라 보세요.

① 상상 속의 동물이다   ② 몸집이 작다

③ 자주 볼 수 있다   ④ 특별한 능력이 있다

2 '용'이 나오는 이야기를 들어본 적이 있어요? 어떤 이야기였어요?

그림을 보고 이야기를 만들어 봅시다. 뒤에 어떤 이야기가 이어질지 상상해 봅시다.

① 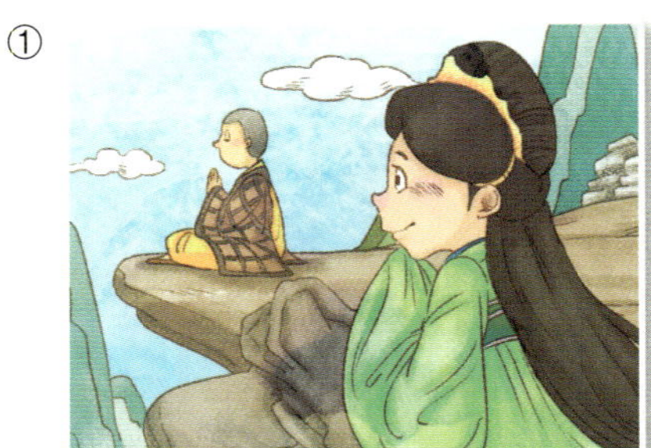

② 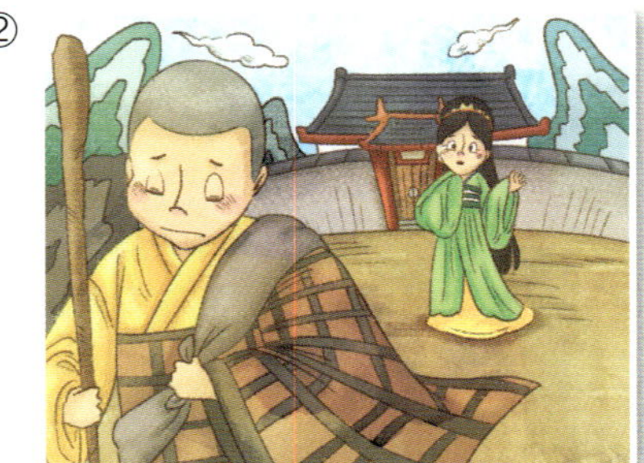

③ 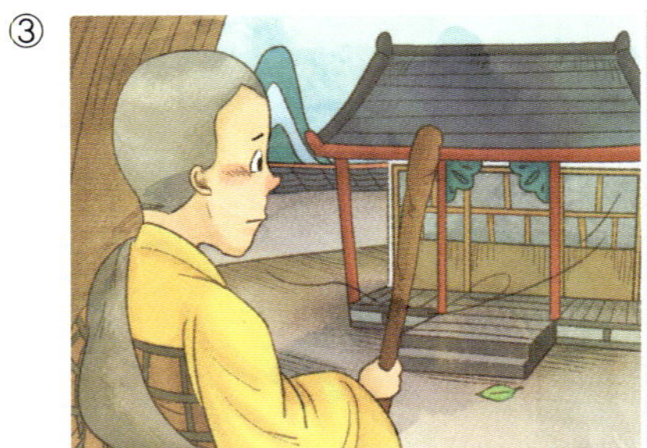

④ 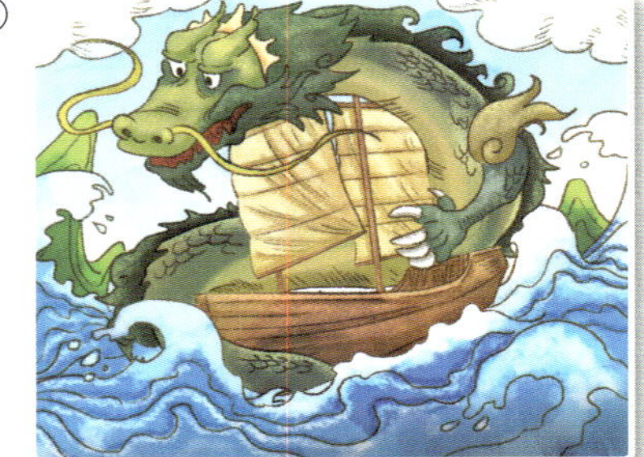

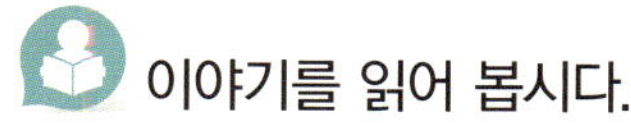 이야기를 읽어 봅시다.

신라시대에 의상(義湘, 625~702)이라는 스님이 계셨습니다. 스님은 중국 당나라에 유학을 갔습니다. 유학을 하면서 등주(登州)에 있는 한 신도의 집에 머물렀습니다.

그 집에 선묘(善妙)라는 예쁜 여인이 있었습니다. 선묘는 의젓하고 성실한 의상을 사랑하게 되었습니다. 의상도 선묘에게 마음이 끌렸습니다. 하지만 의상은 스님이기 때문에 선묘의 사랑을 받아줄 수 없었습니다. 선묘는 의상에 대한 사랑을 포기하고 의상의 수행을 도와야겠다고 결심했습니다.

의상은 중국의 수도인 장안(長安)으로 떠났습니다. 거기서 10년 동안 불교를 더 깊이 공부했습니다. 의상은 공부를 마치고 신라로 가다가 선묘의 집에 들렀습니다. 신라로 가기 전에 마지막으로 선묘를 한 번 보고 싶었기 때문입니다. 하지만 그때 선묘는 집에 없었습니다. 두 사람은 끝내 만나지 못했습니다.

의상이 떠난 뒤 선묘는 의상을 만나지 못한 것이 너무 아쉬웠습니다. 선묘는 용이 되어 의상을 지키게 해 달라고 기도했습니다. 그리고 바닷물에 몸을 던졌습니다. 선묘는 마침내 큰 용이 되었습니다. 용이 된 선묘는 신라로 돌아가는 의상의 배를 보호하였습니다. 의상을 태운 배는 무사히 신라에 도착했습니다.

의상은 신라에 돌아가서 절을 세우려고 했습니다. 하지만 반대하는 사람들이 많았습니다. 의상은 간절한 마음으로 기도했습니다. 그때 갑자기 하늘에서 용이 된 선묘가 나타났습니다. 용은 커다란 바위로 변해서 반대하던 사람들에게 겁을 주었습니다. 사람들은 큰 바위가 떨어질까 봐 무서워서 모두 달아났습니다. 의상은 무사히 절을 세울 수 있었습니다.

바위는 땅에 닿지 않고 떠서 절을 지켰습니다. 그래서 절 이름은 '부석사(浮石寺)—뜬 돌이 있는 절'로 짓게 되었습니다. 이 절이 바로 경상북도 영주시에 있는 '부석사(浮石寺)'입니다.

신라시대	스님	당나라	신도	머무르다
여인	의젓하다	마음이 끌리다	수행	수도
장안	들르다	아쉽다	용	보호하다
간절하다	겁을 주다	달아나다	무사히	뜨다
영주시				

질문에 답해 봅시다.

1 이야기의 내용과 **같은** 것을 고르세요.

① 선묘는 신라에 살던 여인입니다.

② 의상 스님은 중국에 유학을 갔습니다.

③ 의상과 선묘는 서로 사랑해서 결혼했습니다.

2 선묘는 왜 용이 되었습니까?

① 바다에 살고 싶어서

② 의상 스님을 짝사랑해서

③ 의상 스님을 도와주고 싶어서

3 이야기의 내용과 **다른** 것을 고르세요.

① 의상 스님과 선묘는 장안에서 처음 만났습니다.

② '부석사'는 바위가 땅에 떠 있어서 붙은 이름입니다.

③ 선묘는 용이 되어서 신라로 떠나는 의상 스님의 배를
보호했습니다.

✏️ 표현을 배워 봅시다.

1 –던

과거의 상황을 회상하거나 과거의 상황이 완료되지 않았음을 나타내는
내용으로 명사를 수식할 때

> - 용은 커다란 바위로 변해서 **반대하던** 사람들에게 겁을 주었습니다.
> - 가: 민준 씨 이야기 들으셨어요? 오늘 아침에 교통사고가 났나 봐요.
>   나: 네, 앞에서 **가던** 차가 갑자기 멈춰서 민준 씨 차하고 부딪쳤다고
>   해요. 다행히 민준 씨는 다치지는 않았다고 하네요.

2 –(으)ㄹ까 봐

어떤 상황에 대해 걱정되는 추측의 내용을 나타낼 때

	받침 ○: –을까 봐	받침 X, ㄹ: –ㄹ까 봐
동사/ 형용사	찾다 : 찾을까 봐 좁다 : 좁을까 봐	보다 : 볼까 봐 달다 : 달까 봐

> - 사람들은 큰 바위가 **떨어질까 봐** 무서워서 모두 달아났습니다.
> - 가: 공연은 세 시에 시작하는데 벌써 가요?
>   나: 자리가 **없을까 봐** 걱정이 되어서요. 일찍 가는 게 좋을 것 같아요.

❓ 이야기의 내용을 바탕으로 가로세로 퀴즈를 풀어 봅시다.

가로

3 의상이 떠난 뒤 선묘는 의상을 만나지 못한 것이 너무 ○○○.
4 어려움 없이. 의상은 선묘가 도와준 덕분에 ○○○ 절을 세울 수 있었습니다.
6 의상 스님은 성실하고 ○○○○. 말과 행동이 점잖고 무게가 있다.
7 의상은 스님이기 때문에 선묘의 사랑을 받아들이지 못했습니다. 선묘의 마음을 ○○○○.
9 선묘는 의상에 대한 사랑을 포기하고 의상의 ○○을/를 도와야겠다고 결심했습니다.
10 의상은 공부를 마치고 신라로 가다가 선묘의 집에 ○○○.
11 어떤 종교를 믿는 사람. 의상은 한 ○○의 집에 머물렀습니다.

세로

1 사람들은 큰 바위가 떨어질까 봐 무서워서 모두 ○○○○.
2 의상은 유학을 하면서 한 신도의 집에 ○○○○.
5 의상은 절을 세우려는 마음이 강했습니다. 기도하는 의상의 마음이 ○○○○.
6 이야기 속 스님의 이름
8 용이 된 선묘는 의상이 탄 배가 위험하지 않게 ○○○○.
9 한국의 ○○은/는 서울입니다.

한국 문화 속의 용

상상 속의 동물

용은 9가지 동물의 모습이 합쳐진 상상의 동물입니다. 입가에는 긴 수염이 있고 몸통은 뱀 모양입니다. 용은 물속에 살면서 비와 구름을 관리합니다. 또한 하늘을 자유롭게 날 수 있습니다.

용은 '여의주'를 가지고 있습니다. 어떤 소원이든지 다 이룰 수 있는 신비한 구슬이지요. 그래서 옛날이야기에서 사람들은 용의 여의주를 갖기 위해 많이 노력했습니다.

옛날이야기에서 용은 '용궁'이라는 궁전에 사는 용왕입니다. 바닷 속 궁전 용궁에는 멋진 궁궐, 맛있는 음식, 재미있는 친구가 있습니다. 용궁에 놀러 간 사람들은 돌아올 때 용왕이 준 신비한 선물을 받아가지고 옵니다.

'용궁 반점', '용궁 중화요리', '용궁 해물탕' 간판을 본 적이 있으세요? 맛있는 음식과 재미있는 친구들이 있는 용궁, 용궁 음식점에 가면 맛있는 음식을 먹을 수 있겠지요?

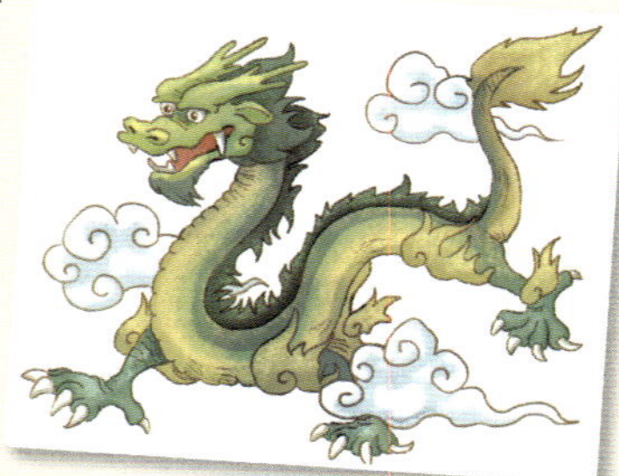

무서운 여우 이야기

여우 누이

 생각해 봅시다.

1 다음 중 '여우'에 대한 설명을 <u>모두</u> 골라 보세요.

① 무섭다　　　　　② 충성스럽다

③ 꾀가 많다　　　　④ 사람을 잘 속인다

2 '여우'에 대한 이야기를 알고 있어요? 그 이야기 속의 여우는 어떤 동물이에요?

그림을 보고 이야기를 만들어 봅시다. 뒤에 어떤 이야기가 이어질지 상상해 봅시다.

①
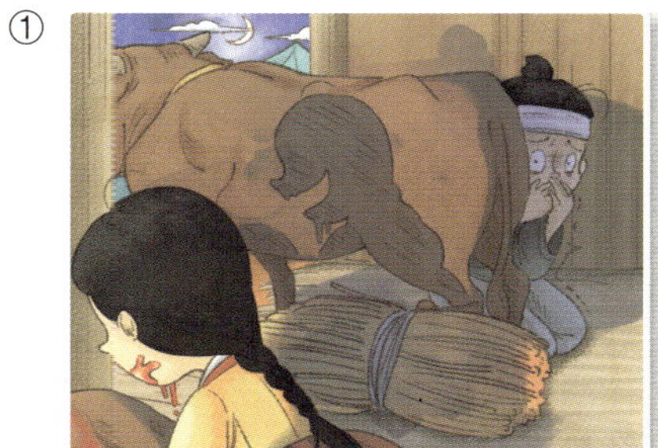

②
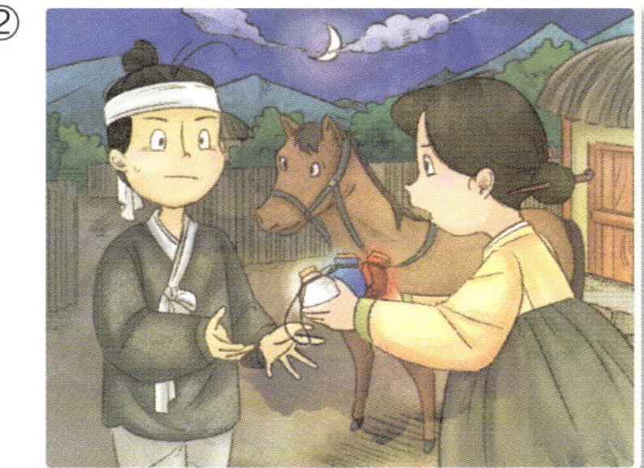

③
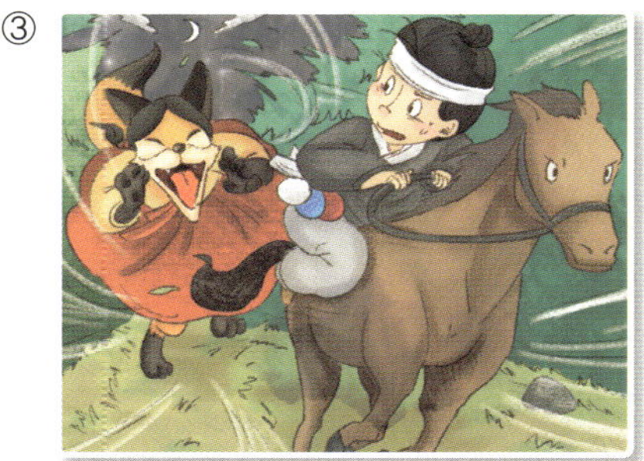

④
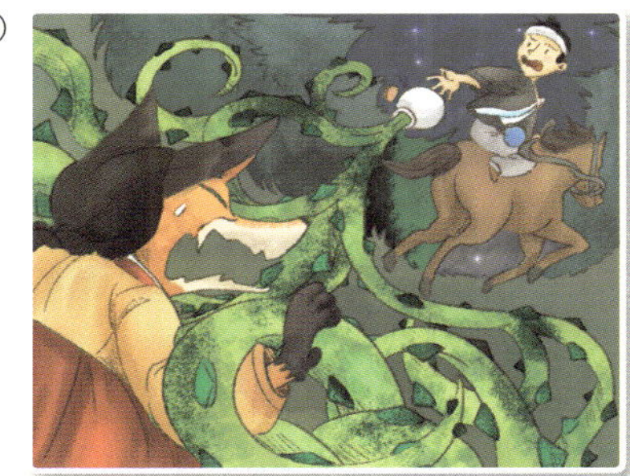

옛날에 아들 삼형제를 둔 부부가 살았습니다. 부부는 절에 가서 기도하여 예쁜 딸을 낳았습니다. 그런데 어느 날부터 집에서 날마다 소가 한 마리씩 죽었습니다. 이상하게 생각한 부부는 세 아들에게 이유를 알아보게 했습니다.

먼저 큰아들이 소를 지켰습니다. 깜깜한 한밤중에 여동생이 소가 있는 곳으로 들어왔습니다. 여동생은 눈 깜짝할 사이에 소의 간을 먹었습니다. 소는 그 자리에서 바로 죽었습니다. 큰아들은 자기가 본 것을 아버지에게 말할 수 없었습니다.

다음 날, 둘째 아들이 소를 지켰습니다. 둘째 아들도 여동생이 소의 간을 먹는 것을 보았습니다. 하지만 둘째 아들도 이 사실을 아버지에게 말하지 못했습니다.

다음 날, 막내아들이 소를 지켰습니다. 막내아들은 아버지에게 여동생이 소의 간을 먹었다고 말했습니다. 하지만 아버지는 막내아들이 거짓말을 한다고 생각했습니다. 화가 난 아버지는 막내아들을 집에서 쫓아냈습니다.

막내아들은 먼 곳으로 떠나 지혜로운 여자와 결혼했습니다. 세월이 흘러 막내아들은 고향에 가 보고 싶었습니다. 막내아들이 고향 집으로 갈 때 아내가 말 한 마리를 주었습니다. 그리고 파란 병, 하얀 병, 빨간 병을 주면서 위험한 일이 생기거든 사용하라고 했습니다.

막내아들은 고향 집에 도착했습니다. 집은 옛날 모습이
아니었습니다. 아무도 없는 낡은 집에서 여동생이 혼자 살고
있었습니다. 여동생은 막내아들을 보고 뛰어나오면서 반갑게
인사했습니다. 막내아들은 무서운 생각이 들었습니다. 옛날에
소의 간을 먹던 여동생의 모습이 생각났기 때문입니다. 빨리 이
집에서 나가야겠다고 생각했습니다.

"오빠, 뭐 드시고 싶은 거 없어요?"

여동생은 친절하게 말했습니다.

"부추전이 먹고 싶어. 밭에 가서 부추 좀 베어 올래?"

막내아들은 여동생이 밭으로 간 사이에 이 집에서 나가야겠다고
생각했습니다. 여동생은 막내아들이 도망갈까 봐 몸을 끈으로
묶었습니다. 그러나 막내아들은 여동생이 나간 사이에 끈을
풀었습니다. 그리고 말을 타고 도망을 갔습니다.

밭에서 돌아온 여동생은 오빠를 쫓아갔습니다. 여동생은
여우가 되었다가 사람이 되었다가 하면서 바람처럼 빠르게
달렸습니다. 도망을 가던 막내아들은 아내가 준 병이
생각났습니다.

여동생이 가까이 온 것을 보고 파란 병을 던졌습니다. 병을
던지자마자 눈앞에 파란 강이 나타났습니다. 그러자 여우가 된
여동생은 강물을 건너서 따라왔습니다.

막내아들은 가까이 달려오는 여동생에게 하얀 병을 던졌습니다.

가시덤불이 솟아나고, 뾰족한 가시가 여우를 찔렀습니다. 그래도 여우는 죽지 않았습니다.

마지막으로 빨간 병을 던졌습니다. 그 자리에서 불이 활활 타올랐습니다. 여우는 불에 타서 죽었습니다. 막내아들은 겨우 살아서 돌아올 수 있었습니다.

집으로 돌아온 막내아들은 아내와 함께 오래오래 행복하게 살았습니다.

한밤중	쫓아내다	지혜롭다	세월이 흐르다
낡다	부추전	베다	도망가다
끈	바람처럼 빠르다	던지다	가시덤불
솟아나다	뾰족하다	찌르다	불이 활활 타오르다

? 질문에 답해 봅시다.

1 누가 소를 죽였습니까?

① 큰아들

② 둘째 아들

③ 여동생

2 아버지는 왜 막내아들을 쫓아냈습니까?

① 소를 지키지 못했기 때문에

② 형의 말을 듣지 않았기 때문에

③ 거짓말을 한다고 생각했기 때문에

3 이야기의 내용과 <u>다른</u> 것을 고르세요.

① 큰아들은 아버지에게 사실을 말하지 못했습니다.

② 막내아들은 지혜로운 여자와 결혼했습니다.

③ 여동생은 막내아들을 보고 바람처럼 도망갔습니다.

 **표현을 배워 봅시다.**

1 -거든

어떤 일을 사실로 가정하여 뒤의 내용에 대한 조건으로 삼을 때

- 파란 병, 하얀 병, 빨간 병을 주면서 위험한 일이 생기거든 사용하라고 했습니다.
- 가: 여행 잘 다녀올 테니 걱정하지 마세요.

  나: 그래. 공항에 도착하거든 연락 줘.

2 -자마자

앞의 행위가 이루어진 후 바로 이어서 뒤의 동작이 일어남을 나타낼 때

- 병을 던지자마자 눈앞에 파란 강이 나타났습니다.
- 가: 요즘 일이 많아서 피곤하신가 봐요.

  나: 그런 것 같아요. 밤에 침대에 눕자마자 바로 잠이 들어요.

이야기의 내용을 바탕으로 가로세로 퀴즈를 풀어 봅시다.

가로

3 '달아나다'와 비슷한 말. 막내아들은 여동생이 나간 사이에 말을 타고 ○○○○.
4 하얀 병을 던지니 가시덤불이 ○○○○.
6 막내아들과 결혼한 여자는 ○○○○. 어려운 일이 생기면 사용하라고 세 개의 병을 주었습니다.
7 끝이 가늘고 날카롭다. 가시가 ○○○○.
9 빨간 병을 던지니 그 자리에서 불이 활활 ○○○○.
10 여동생은 ○○처럼 빠르게 달렸습니다.

세로

1 막내아들이 찾아간 고향 집은 아무도 없고 ○○. 아주 오래된 모습이었습니다.
2 화가 난 아버지는 막내아들을 집에서 ○○○○.
5 여동생에게 파란 병을 ○○○.
8 뽀족한 가시가 여우를 ○○○.
10 소는 그 자리에서 ○○ 죽었습니다.

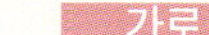

가로 3. 도망가다 4. 솟아나다 6. 지혜롭다 7. 뽀족하다 9. 타오르다 10. 바람
세로 1. 낡다 2. 쫓아내다 5. 던지다 8. 찌르다 10. 바로

한국 문화 속의 여우

약아빠진 여우

여우는 머리가 좋고 영리한 동물입니다. 작은 눈과 재빠른 동작으로 위기를 모면하는 동물이지요. 이야기에서 여우는 변신의 능력자입니다.

옛날 이야기 속에서 여우는 예쁜 여인으로 변신해서 남자들을 유혹해 간(肝)을 빼먹습니다. 사람의 간 백 개를 먹으면 사람으로 변신할 수 있기 때문이지요. 하지만 마지막 간 한 개를 못 먹어서 사람이 되지 못합니다.

'여우 같다'는 말은 눈치가 빠르고 자기 이익을 위해 꾀를 잘 부리는 사람을 가리키는 말입니다. '호랑이 없는 데서 여우가 왕이다'라는 속담이 있습니다. 호랑이가 없는 기회를 잘 보아 이득을 본다는 것이지요.

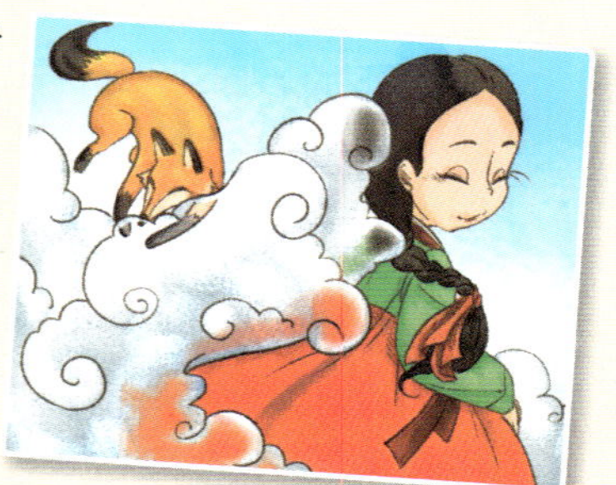

열아홉 번째 이야기

나비 이야기

죽어서 나비가 된 처녀 총각

생각해 봅시다.

1 서로 반대되는 말을 연결하세요.

살다 •------------------• 죽다

나타나다 • • 돈이 많다

가난하다 • • 사라지다

창피하다 • • 자랑스럽다

2 여러분 나라에서 '나비'는 어떤 의미가 있어요?

그림을 보고 이야기를 만들어 봅시다. 뒤에 어떤 이야기가 이어질지 상상해 봅시다.

① 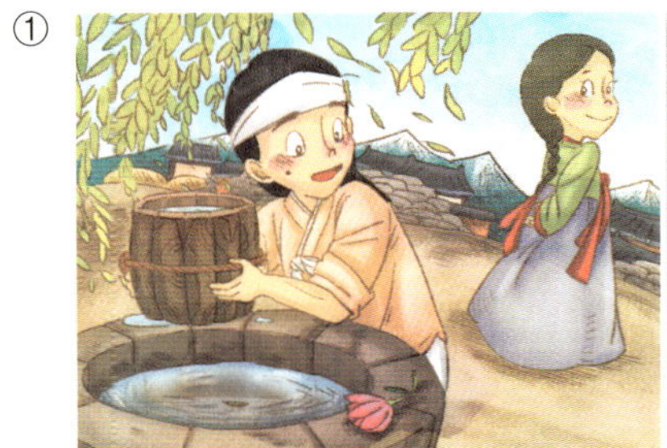

② 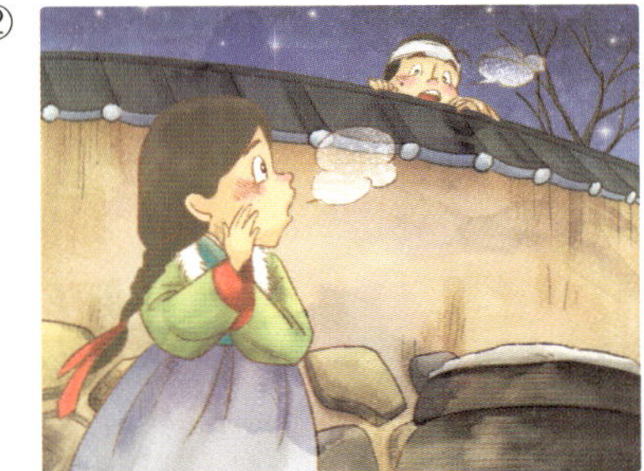

③ 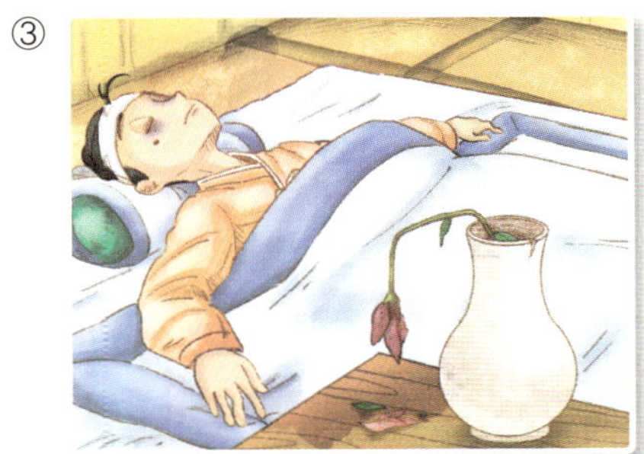

④ 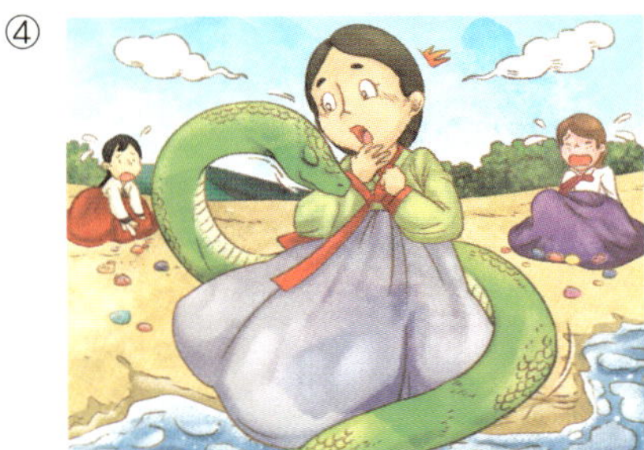

옛날 함경도 어느 마을에 한 처녀가 살았습니다. 어느 날 처녀는 마을 우물가에서 남의 집 일을 하는 총각을 만났습니다. 총각은 가난하지만 마음이 착한 사람이었습니다. 우물가에서 처음 만난 후 두 사람은 사랑에 빠졌습니다.

한겨울 눈 오는 밤, 총각은 처녀가 너무 보고 싶었습니다. 처녀가 사는 집으로 가서 처녀 방 창문을 엿보았습니다. 그리고 처녀를 만나고 싶은 마음에 그 집의 담을 넘으려고 했습니다. 처녀도 총각을 보고 싶었지만, 총각이 담을 넘으면 눈 때문에 발자국이 남을까 봐 걱정되었습니다. 처녀는 가족이나 마을 사람들이 알게 될까 봐 조용히 말했습니다.

"오늘은 눈이 많이 왔어요. 눈이 없을 때 오세요."

처녀의 말을 듣고 총각은 자기 집으로 돌아갔습니다. 그런데 그날 밤에 총각은 그만 갑자기 죽고 말았습니다. 총각이 죽었다는 소식을 들은 처녀는 너무나 놀랐습니다. 총각이 자기의 말 때문에 죽은 것 같았습니다. 참을 수 없는 슬픔 때문에 계속 눈물을 흘렸습니다.

"나의 매정한 말 때문에 죽었어. 그날 밤 그냥 집으로 들어오라고 할걸."

총각이 죽은 후 쓸쓸한 겨울이 가고 꽃 피는 봄이 되었습니다. 처녀는 친구들과 함께 바닷가에 조개를 주우러 갔습니다. 처녀가 조개를 주우러 바닷물에 발을 담그는 순간이었습니다.

바닷물에서 총각이 멋진 모습으로 나타났습니다. 그런데 그 총각은 사람이 아닌 뱀이었습니다. 뱀이 처녀의 온몸을 휘감았습니다.

처녀의 가족들은 뱀을 죽이려고 했으나 뱀은 처녀에게서 떨어지지 않았습니다. 가족들은 뱀을 죽이다가 처녀까지 죽일까 봐 그대로 처녀의 방으로 데리고 왔습니다. 그런데 뱀은 낮에는 뱀인데 밤이 되면 총각으로 변했습니다. 처녀의 오빠들은 처녀와 뱀을 매우 창피하게 생각했습니다. 결국 오빠들은 처녀와 뱀을 불태워 버렸습니다.

그 불 속에서 나비 두 마리가 나타나 다정하게 날아갔습니다. 그리고 하늘 멀리 사라졌습니다. 때는 한여름이었습니다. 지금도 무더운 여름날 비가 오려고 하면 나비가 하늘로 올라갑니다. 그 나비는 처녀와 총각의 영혼입니다.

함경도	처녀	우물가	한겨울
발자국	매정하다	그냥	조개
담그다	온몸	휘감다	변하다
창피하다	영혼		

 질문에 답해 봅시다.

1 이야기의 내용과 **다른** 것을 고르세요.

① 처녀는 가난한 남자를 사랑했습니다.

② 두 사람은 처녀의 집에서 처음 만났습니다.

③ 총각이 죽은 후에 처녀는 매우 슬퍼했습니다.

2 총각은 죽은 후에 어떻게 변했습니까? 다음 빈칸에 들어갈 동물을 쓰세요.

총각 ➡ (　　　　　　　　　) ➡ 나비

3 처녀는 총각이 왜 죽었다고 생각했습니까?

① 날씨가 너무 추워져서

② 갑자기 나쁜 병에 걸려서

③ 처녀 집에 못 들어오게 해서

 **표현을 배워 봅시다.**

1 –다는

들은 사실을 인용하여 전달하면서 그 뒤에 오는 명사를 수식할 때

- 그날 밤에 총각은 그만 갑자기 죽고 말았다. 총각이 죽었다는 소식을 들은 처녀는 너무나 놀랐다.
- 가: 퇴근 시간이 6시에서 5시로 바뀐다는 이야기 들으셨어요?

  나: 네. 다음 달부터 근무 시간이 짧아진다고 해요.

2 –(으)ㄹ걸

어떤 일에 대해 가볍게 후회하거나 아쉬움을 나타낼 때

	받침 ○: –을걸	받침 X, ㄹ: –ㄹ걸
동사	참다: 참을걸 받다: 받을걸	가다: 갈걸 만들다: 만들걸

- 나의 매정한 말 때문에 죽었어. 그날 밤 그냥 집으로 들어오라고 할걸.
- 가: 어제 서울 팀이 야구 이겼어. 진짜 재미있었는데 너는 왜 같이 안 갔어?

  나: 일이 좀 많았어.

  아! 나도 표가 있었는데 그냥 보러 갈걸. 후회된다.

❓ 이야기의 내용을 바탕으로 가로세로 퀴즈를 풀어 봅시다.

가로

1 더위가 가장 심할 때의 여름
3 "그날 밤 ○○ 집으로 들어오라고 할걸."
4 어느 날 처녀는 마을 ○○○에서 남의 집 일을 하는 총각을 만났습니다.
6 처녀의 오빠들은 처녀와 뱀을 보고 매우 ○○○○고 생각했습니다.
8 총각이 담을 넘으면 눈 때문에 ○○○이 남으까 봐 걱정되었습니다.
10 뱀이 처녀의 온몸을 ○○○.

세로

1 추위가 가장 심할 때의 겨울
2 바닷물에 발을 ○○○.
5 총각은 돈이 별로 없었습니다. ○○○○.
7 낮에는 뱀인데 밤이 되면 총각으로 ○○○.
9 처녀는 총각이 ○○의 말 때문에 죽은 것 같았습니다.

정답

세로
1. 한겨울 2. 잠그다 5. 가난하다 7. 변하다 9. 자기

가로
1. 한여름 3. 그냥 4. 우물가 6. 징그럽다 8. 발자국 10. 휘감는다

한국 문화 속의 나비

자유로운 나비, 뜨거운 사랑

팔랑팔랑 날아다니는 나비는 참 자유로워 보입니다. 우리가 갈 수 없는 곳도 마음대로 갈 수 있지요. 하양, 노랑, 파랑 등 예쁜 색깔의 날개도 참 아름답고요. 나비는 꽃과 함께 있을 때 더 아름답습니다.

'꽃 본 나비'는 남녀 간에 정이 깊어 떨어지지 못함을 비유한 말입니다. '꽃 본 나비 불을 생각할까?'라는 속담도 있습니다. 남녀 간에 뜨겁게 사랑하면 어떤 어려움도 극복하고 만난다는 의미입니다. 꽃과 나비의 친밀한 관계를 남녀 간의 사랑에 비유한 말입니다.

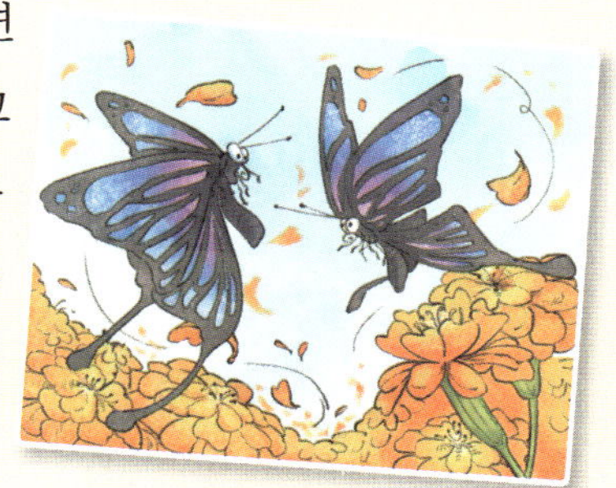

137

뱀 신랑

뱀과 결혼한 여자

 생각해 봅시다.

1 다음 중 '뱀'에 대한 설명을 <u>모두</u> 골라 보세요.

① 몸이 길다 ② 상상 속의 동물이다

③ 징그럽다 ④ 집에서 키우는 사람들이 많다

2 뱀을 본 적이 있어요? 어디에서 보셨어요?

그림을 보고 이야기를 만들어 봅시다. 뒤에 어떤 이야기가 이어질지 상상해 봅시다.

① 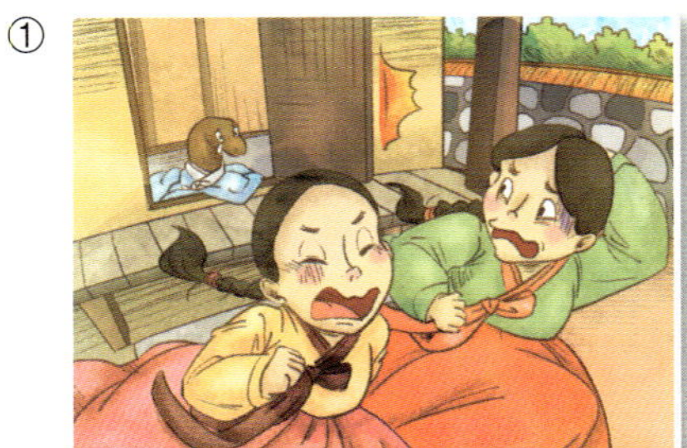

② 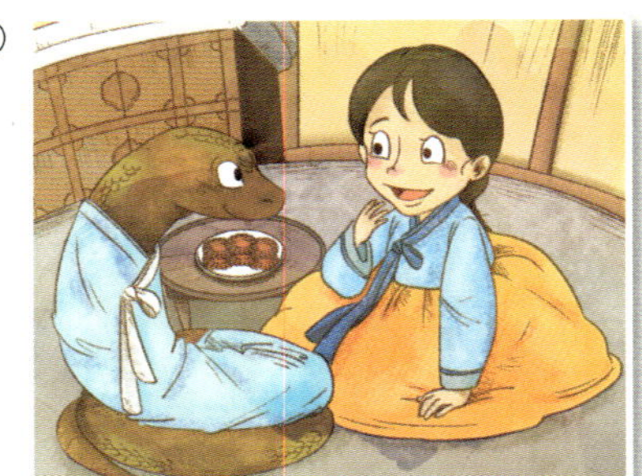

③ 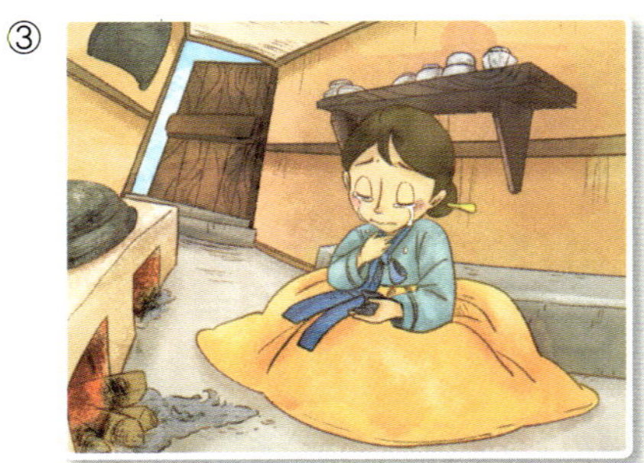

④ 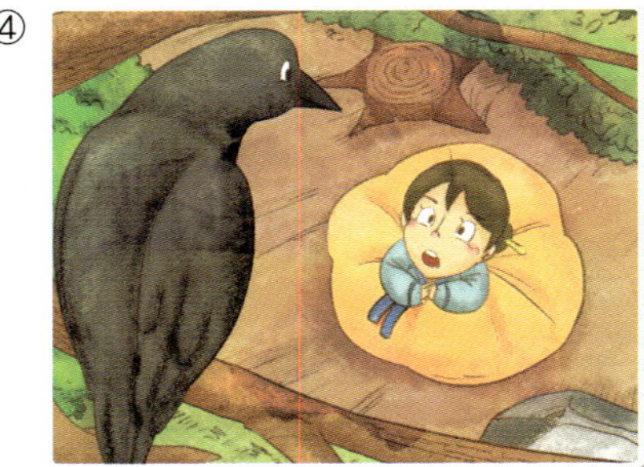

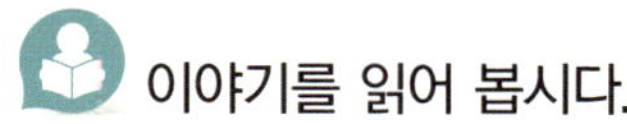 

어느 마을에서 아주머니가 아기를 낳았습니다. 그런데 아기는 사람이 아닌 뱀이었습니다. 옆집에 사는 세 자매가 아기를 보러 왔습니다. 언니들은 뱀이 징그럽다고 얼른 집으로 돌아갔습니다. 막내딸은 뱀에게 '구렁덩덩 신선비'라고 불러 주었습니다.

뱀은 막내딸과 결혼하고 싶다고 엄마를 졸랐습니다. 막내딸은 뱀과 결혼했습니다. 첫날밤, 뱀은 허물을 벗고 멋진 새신랑이 되었습니다. 그리고 뱀은 자기의 허물을 절대로 버리지 말라고 했습니다. 막내딸은 뱀의 허물을 옷장 속에 꼭꼭 숨겼습니다.

멋지게 변신한 뱀 신랑을 보고 동생에게 샘이 난 언니들은 뱀 신랑의 허물을 훔쳐다가 태워 버렸습니다. 허물이 없어진 걸 알게 된 뱀 신랑은 멀리 떠나 버렸습니다. 막내딸은 아궁이에서 재가 된 허물을 찾아 저고리 속에 숨겼습니다. 그리고 뱀 신랑을 찾으러 길을 떠났습니다.

길을 가다가 까마귀에게 뱀 신랑을 보았는지 물어보았습니다. 까마귀는 자기 새끼들이 3일을 굶었으니 벌레를 잡아주면 알려 준다고 했습니다. 막내딸은 온 산을 뒤져 벌레를 잡아다가 까마귀 새끼들을 먹였습니다. 까마귀는 멧돼지에게 물어보라고 했습니다.

멧돼지는 칡뿌리를 캐 주면 알려 준다고 했습니다. 막내딸은 온 산을 뒤져 칡뿌리를 캐다 주었습니다. 멧돼지는 빨래하는 할머니에게 물어보라고 했습니다.

　빨래하는 할머니는 검은 빨래를 하얗게 빨아 주면 알려 준다고 했습니다. 막내딸은 시냇물이 검게 되도록 검은 빨래를 새하얗게 빨아 주었습니다. 할머니는 놋으로 된 밥 그릇 뚜껑과 젓가락을 주면서 강을 건너가라고 했습니다.

　막내딸은 할머니가 주신 밥 그릇 뚜껑으로 배를 삼고, 젓가락으로 노를 저어 강을 건너갔습니다.

　강을 건너가니 언덕 위에 멋진 신선비가 서 있었습니다. 두 사람은 다시 만나 행복하게 잘 살았습니다.

징그럽다	조르다	변신하다	허물	절대로
숨기다	샘이 나다	아궁이	저고리	굶다
멧돼지	칡뿌리	캐다	새하얗다	놋
뚜껑	삼다	노를 젓다	언덕	

 질문에 답해 봅시다.

1 이야기의 내용과 <u>같은</u> 것을 고르세요.

① 아주머니는 뱀 세 마리를 낳았습니다.

② 언니들은 뱀 아기를 보고 징그럽다고 했습니다.

③ 막내딸은 뱀 아기를 보고 얼른 집으로 돌아갔습니다.

2 뱀 신랑은 왜 길을 떠났습니까?

① 막내딸을 만나기 위해서

② 뱀 허물이 없어져서

③ 언니들이 미워서

3 이야기의 내용과 <u>다른</u> 것을 고르세요.

① 까마귀는 멧돼지를 잡아주면 길을 알려 준다고 했습니다.

② 멧돼지는 칡뿌리를 캐 주면 알려 준다고 했습니다.

③ 할머니는 빨래를 해 주면 알려 준다고 했습니다.

 표현을 배워 봅시다.

1 -다고

뒤에 나오는 행동이나 상황의 이유를 나타낼 때

형용사	-다고	동사	받침 ○: -는다고	받침 X, ㄹ: -ㄴ다고
	아프다: 아프다고 징그럽다: 징그럽다고		먹다: 먹는다고 찾다: 찾는다고	가다: 간다고 팔다: 판다고

- 언니들은 뱀이 **징그럽다고** 얼른 집으로 돌아갔습니다.
- 가: 목소리가 왜 그래요? 한여름인데 감기에 걸렸어요?
  나: **덥다고** 계속 에어컨을 틀어 놓아서 감기에 걸린 것 같아요.

2 -아/어다가

어떤 행동을 한 뒤에 그 대상을 가지고 뒤의 행동을 이어서 할 때

동사	ㅏ, ㅗ: -아다가	ㅏ, ㅗ 이외: -어다가	-하다: 해다가
	뽑다: 뽑아다가 사다: 사다가	빌리다: 빌려다가 얻다: 얻어다가	구하다: 구해다가 준비하다: 준비해다가

- 동생에게 샘이 난 언니들은 뱀 신랑의 허물을 **훔쳐다가** 태워 버렸습니다.
- 가: 요즘 책값이 비싸서 책을 잘 안 읽게 돼요.
  나: 에이, 동네 도서관에서 책을 **빌려다가** 읽으면 되죠.

이야기의 내용을 바탕으로 가로세로 퀴즈를 풀어 봅시다.

가로

1 막내딸이 젓가락으로 노를 ○○.
2 언니들이 뱀 신랑의 허물을 ○○○○ 태워 버렸습니다.
3 강을 건너가니 ○○ 위에 멋진 신선비가 서 있었습니다.
7 막내딸은 ○○○이/가 검게 되도록 검은 빨래를 새하얗게 빨아 주었습니다.
8 뱀은 막내딸과 결혼하고 싶다고 엄마를 ○○○.
10 첫날밤, 뱀 신랑이 멋진 남자로 ○○○○.
11 까마귀 새끼들이 먹지 못하고 3일을 ○○.

세로

1 한국음식을 먹을 때에는 숟가락과 ○○○이/가 필요합니다.
3 세 자매 중 ○○들은 뱀 아기를 보고 싫어했습니다.
4 첫날밤, 뱀은 ○○을/를 벗고 멋진 새신랑이 되었습니다.
5 언니들은 멋지게 변신한 뱀 신랑을 보고 동생에게 샘이 ○○.
6 언니들은 뱀이 ○○○○고 얼른 집으로 돌아갔습니다.
9 막내딸은 뱀의 허물을 옷장 속에 꼭꼭 ○○○.

한국 문화 속의 뱀

허물을 벗고 새롭게 태어나는 뱀

긴 몸에 다양한 색깔을 가진 뱀. 뱀을 보고 예쁘다고 하는 사람은 많지 않지요? 전국의 75% 이상이 산인 한국은 옛날에 뱀이 많았습니다. 산에 갈 때는 늘 뱀을 조심해야 했지요.

뱀은 한꺼번에 많은 알과 새끼를 낳기 때문에 풍요와 다산을 상징합니다. 또 껍질을 벗고 새 몸으로 살기 때문에 생명력을 상징하기도 합니다. 뱀의 한 종류인 구렁이는 복을 가져온다고 믿기도 했어요. 그래서 집에 구렁이가 있으면 좋은 일이라고 생각하기도 했습니다.

'구렁이 담 넘어 가듯 한다'는 속담은 일을 분명하게 처리하지 않는 모양을 가리킵니다. 또 '뱀도 천 년 묵으면 용 된다'는 속담도 있습니다. 지금 어려운 상황에 있는 사람도 오랫동안 노력하면 성공할 수 있다는 의미입니다. .

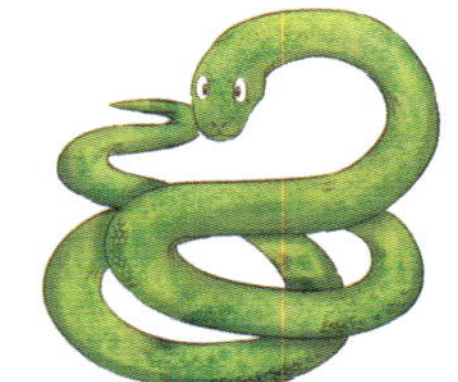

모범 답안

새 단어

1과 동물들의 나이 자랑

💡 생각해 봅시다. (10쪽)

1. ③, ④

❓ 질문에 답해 봅시다. (12쪽)

1. ③

2. ③

3. ③

2과 돼지 코가 납작한 이유

💡 생각해 봅시다. (16쪽)

1. ①, ③, ④

❓ 질문에 답해 봅시다. (18쪽)

1. ③

2. ②

3. ①

3과 개와 고양이의 구슬 다툼

💡 생각해 봅시다. (22쪽)

1. ①, ③

❓ 질문에 답해 봅시다. (25쪽)

1. ②

2. ③

3. ③

4과 해와 달이 된 오누이

💡 생각해 봅시다. (29쪽)

1. ①, ②

❓ 질문에 답해 봅시다. (32쪽)

1. ③

2. ①

3. ③

5과 소가 된 게으름뱅이

💡 생각해 봅시다. (36쪽)

1. ②, ④

❓ 질문에 답해 봅시다. (39쪽)

1. ③

2. ①

3. ③

6과 토끼와 자라

💡 생각해 봅시다. (43쪽)

1. ③

2. ④

❓ 질문에 답해 봅시다. (46쪽)

1. ①

2. ③

3. ②

7과　우렁각시

💡 생각해 봅시다. (50쪽)

1. ②, ③

❓ 질문에 답해 봅시다. (53쪽)

1. 우렁이/우렁각시
2. ①
3. ③

8과　오수의 개

💡 생각해 봅시다. (57쪽)

1. ①, ③

❓ 질문에 답해 봅시다. (59쪽)

1. ②
2. ③
3. ①

9과　두더지의 사위 찾기

💡 생각해 봅시다. (63쪽)

1. ①, ②

❓ 질문에 답해 봅시다. (66쪽)

1. ①
2. ③
3. 해 – (구름) – 바람 –
　　돌부처 – (두더지)

10과　견우와 직녀

💡 생각해 봅시다. (70쪽)

1. ①, ②

❓ 질문에 답해 봅시다. (74쪽)

1. ②
2. 까마귀, 까치
3. ①

11과　세상이 처음 생겨났을 때

💡 생각해 봅시다. (78쪽)

1. ③, ④

❓ 질문에 답해 봅시다. (80쪽)

1. ③
2. ①
3. ③

12과　단군 신화

💡 생각해 봅시다. (84쪽)

1. ④

❓ 질문에 답해 봅시다. (87쪽)

1. ③
2. ① 환웅, ② 단군
3. ③

13과 불개 이야기

💡 생각해 봅시다. (91쪽)

1. ④

❓ 질문에 답해 봅시다. (94쪽)

1. ③
2. ①
3. ①

14과 참새와 파리 이야기

💡 생각해 봅시다. (98쪽)

1. ①, ④

❓ 질문에 답해 봅시다. (100쪽)

1. ②
2. ①
3. ②

15과 지렁이와 가재

💡 생각해 봅시다. (104쪽)

1. ②, ④
2. ①, ③, ④

❓ 질문에 답해 봅시다. (106쪽)

1. ②
2. ③
3. ②

16과 견훤 이야기

💡 생각해 봅시다. (110쪽)

1. ①, ②

❓ 질문에 답해 봅시다. (112쪽)

1. ③
2. ②
3. ②

17과 선묘 용

💡 생각해 봅시다. (116쪽)

1. ①, ④

❓ 질문에 답해 봅시다. (119쪽)

1. ②
2. ③
3. ①

18과 여우 누이

💡 생각해 봅시다. (123쪽)

1. ③, ④

❓ 질문에 답해 봅시다. (127쪽)

1. ③
2. ③
3. ③

19과　죽어서 나비가 된 처녀 총각

생각해 봅시다. (131쪽)

1. 나타나다 – 사라지다
   가난하다 – 돈이 많다
   창피하다 – 자랑스럽다

질문에 답해 봅시다. (134쪽)

1. ②
2. 뱀
3. ③

20과　뱀과 결혼한 여자

생각해 봅시다. (138쪽)

1. ①, ③

질문에 답해 봅시다. (141쪽)

1. ②
2. ②
3. ①

새 단어	단원	English	日本語	中文
가까스로	8	barely	辛うじて	好不容易 [hǎo bu róng yi]
가난하다	7	poor	貧しい	贫穷 [pín qióng]
가리다	9	cover, shield	遮る	遮住 [zhē zhù]
가시덤불	18	a thorny thicket [shrub]	イバラのやぶ	荆棘 [jīng jí]
가엾다	3	poor	気の毒だ	可怜 [kě lián]
가재	15	crawfish, crayfish	ザリガニ	螯虾 [áo xiā]
간	6	liver	肝臓	肝 [gān]
간절하다	17	earnest, eager	切実だ	迫切 [pò qiè]
개구리	11	frog	蛙	蛙 [wā]
건국하다	16	find, establish	建国する	建国 [jiàn guó]
겁을 주다	17	threaten, scare, terrify	怖がらせる	吓唬 [xià hu]
게으르다	2	lazy	怠ける	懒 [lǎn]
게으름뱅이	5	idler, lazybones	なまけもの	懒汉 [lǎn hàn] (懒惰的人)
견디다	12	endure, bear	耐える	坚持 [jiān chí] 忍耐 [rěn nài]
고개	4	ridge	首	山岭 [shān lǐng]
고개를 갸웃거리다	7	tilt one's head sideways	首をかしげる	歪歪头 [wāi wāi tóu]
고려시대	8	Goryeo dynasty	高麗時代	高丽时代 [gāo lì shí dài]
곡식	12	grain	穀物	粮食 [liáng shi]
구석	7	corner	隅(すみ)	角落 [jiǎo luò]
구석구석	3	every corner, every nook and corner	隅々	角角落落 [jiǎo jiǎo luò luò]
구슬	3	glass bead	玉	珠子 [zhū zi]
굶다	20	starve, famish	(ご飯)にありつけない	饿 [è]

새 단어	단원	English	日本語	中文
그냥	19	just	そのまま	就那么 [jiù nà me]
그만	3	unfortunatley	うっかり	(当场)于是, 就 [yú shì-jiù]
근원	11	source, origin, root	源	根源 [gēn yuán]
금색	15	gold	金色	金色 [jīn sè]
기둥	11	pillar, column	柱	柱子 [zhù zi]
기분 좋게	8	happily	心地よく	酣畅 [hān chàng]
까마귀	10	crow	カラス	乌鸦 [wū yā]
까치	10	magpie	カササギ	喜鹊 [xǐ què]
깜빡거리다	15	blink	まばたきをする	一闪 [yī shǎn]
깜짝 놀라다	7	be startled	とてもびっくりする	大吃一惊 [dà chī yì jīng]
깨우다	2	wake	起こす	叫醒 [jiào xǐng]
꼬끼으	2	cock-a-doodle	コケコッコー	喔喔 [wō wō] (鸡鸣声)
꼭대기	12	top, edge	てっぺん	顶 [dǐng]
꽂다	8	pound	刺さる	插 [chā]
꽂히다	16	be stuck [pinned/impaled], be stabbed [pierced]	刺さる	(被)插入 [chā rù]
꽉	13	tightly, firmly	がぶりと	紧紧地 [jǐn jǐn di]
꾀가 많다	6	clever, crafty, wily, cunning	知恵が多い	鬼点子多 [guǐ diǎn zi duō]
꿈쩍드 안 하다	9	stay still	びくともしない	一动不动 [yí dòng bú dòng]
꿰다	16	thread	(糸を)通す	缝 [féng]
끈	18	strap	紐	绳 [shéng]
끊어지다	4	be cut, snap	切れる	断 [duàn]
끝내	15	after all, in the end, ultimatley	最後まで	最后 [zuì hòu]

새 단어

새 단어	단원	English	日本語	中文
날개	10	wing	羽	翅膀 [chì bǎng]
날이 밝다	16	day(morning) breaks	夜が明ける	天亮 [tiān liàng]
낡다	18	old, aged	古びる	破旧 [pò jiù]
남매	4	brother and sister, siblings	兄と妹	兄妹 [xiōng mèi]
납작하다	2	flat	平べったい	扁平 [biǎn píng]
낮이나 밤이나	2	anytime	昼夜を問わず	(无论)白天或晚上 [bái tiān huò wǎn shang]
내려다보다	12	look down at	見下ろす	俯视 [fǔ shì]
냇가	15	riverbank, riverside	川辺	溪边 [xī biān]
노를 젓다	20	row	櫓を漕ぐ	划船 [huá chuán]
놋	20	brass	真鍮（しんちゅう）	铜 [tóng]
농사를 짓다	7	farm	農業をする	种地 [zhòng dì]
높은 자리	6	high status	高い地位	高官 [gāo guān]
눈 깜짝할 사이에	7	in a split second, in a second	あっという間に	一瞬间 [yī shùn jiān]
눈이 부시다	9	dazzling, glaring	まぶしい	闪眼 [shǎn yǎn]
다리	10	bridge	橋	桥 [qiáo]
다스리다	12	rule(reign)over	治める	治理 [zhì lǐ]
달리다	16	dangle, hang on	付いている	挂 [guà]
달아나다	17	run off(away)	逃げる	逃跑 [táo pǎo]
달콤한 유혹	6	sweet temptation	甘い誘惑	簧诱 [huáng yòu]
닳다	14	fade	すり減る	磨 [mò]
담	16	wall, fence	塀	墙壁 [qiáng bì]
담그다	19	soak, dip	浸す	浸(入) [jìn]
답답하다	15	stifling, stuffy, oppressed	もどかしい	郁闷 [yù mèn]

새 단어	단원	English	日本語	中文
당나라	17	Tang dynasty	唐代 (とうだい)	唐朝 [táng cháo]
당부하다	16	ask, request	頼む	嘱咐 [zhǔ fù]
닿다	8	reach	届く	到 [dào] 接触 [jiē chù]
던지다	18	throw	投げる	扔 [rēng]
도끼	4	axe	斧	斧子 [fǔ zi]
도망가다	18	run away	逃げる	逃走 [táo zǒu]
돌려주다	15	return, give back	返す	还 [huán]
돌부처	9	a stone Buddhist	石仏	石佛 [shí fó]
동굴	12	cave	洞窟	洞窟 [dòng kū]
두꺼비	1	toad	ガマガエル	蟾蜍 [chán chú]
두더지	9	mole	もぐら	鼹鼠 [yǎn shǔ]
두르다	15	bind, wrap, wear	巻く	缠 [chán]
뒹굴다	8	roll	寝転ぶ	滚来滚去 [gǔn lái gǔn qù]
드디어	9	finally	ついに	终于 [zhōng yú]
들르다	17	call at, step at, drop(Stop) in for a short visit	寄る	顺便去 [shùn biàn qù]
때리다	14	slap, spank, hit	叩く	打 [dá]
떫다	12	bitter, rough	渋い	涩(苦) [sè]
떼다	11	tear off	離す	分(撕) [fēn]
뚜껑	20	cover, lid	ふた	盖子 [gài zi]
뛰어오르다	13	jump(leap, spring)up	飛び上がる	跳上去 [tiào shàng qù]
뜨다	17	float	浮ぶ	漂浮 [piāo fú]
뜻하다	8	mean	意味する	意味着 [yì wèi zhe]
마늘	12	garlic	ニンニク	大蒜 [dà suàn]
마당	16	yard, garden	庭	院子 [yuàn•zi]

새 단어	단원	English	日本語	中文
마음씨가 곱다	10	kindhearted	気立てがいい	心地善良 [xīn dì shàn liáng]
마음이 끌리다	17	be attracted, be drawn	心が引かれる	(被)吸引 [xī yǐn]
마음이 약해지다	10	one's mind gets weak	気が弱る	心软 [xīn ruǎn]
맛을 보다	14	taste	味見をする	尝尝 [cháng cháng]
망치	1	hammer	ハンマー	锤子 [chuí zi]
맞서다	13	face with	向かい合う	对抗(面对着) [duì kàng]
매를 맞다	14	get flogged	殴られる	挨打[ái dǎ]
매정하다	19	heartless, hard-hearted	心無い	冷漠[lěng mò]
머무르다	17	stay	泊まる	停留[tíng liú]
멋있게 생기다	3	good-looking, handsome	かっこいい	(长得)俊秀 [jùn xiù]
멍청하다	6	foolish	まぬけだ	傻 [shǎ] 笨 [bèn]
메뚜기	11	grasshopper	バッタ	蚱蜢 [zhà měng]
멧돼지	20	a wild boar	イノシシ	野猪 [yě zhū]
모습	15	feature, looks	姿	模样[mú yàng]
모시다	1	raise	仕える	侍奉 [shì fèng]
몰고 가다	9	drive	おいやる	驱走 [qū zǒu]
무	5	radish	大根	萝卜 [luó bo]
무릎을 꿇다	9	kneel	ひざまずく	下跪 [xià guì]
무사히	17	safely, in safety	無事に	安然 [ān rán]
물다	13	bite	噛む	咬 [yǎo]
물들다	4	get dyed	染まる	沾染 [zhān rǎn]
미끄러지다	4	slide	滑る	打滑 [dǎ huá]
미끄럽다	4	slippy	滑りやすい	滑 [huá]
미륵	11	Bodhisattva	石仏	弥勒菩萨[mí lè pú sà]的略语

154

새 단어	단원	English	日本語	中文
믿음직하다	10	trustfull, trustworthy	頼もしい	可靠 [kě kào]
바늘	16	needle	針	针 [zhēn]
바라브다	10	look at/ look toward	眺める	望着 [wàng zhe]
바람처럼 빠르다	18	fast as wind	風のように速い	形容像风一样快
박다	1	nail	打ち込む	钉 [dìng]
발견하다	13	discover, find	見つける	发现 [fā xiàn]
발자국	19	foot print	足跡	脚印(儿) [jiǎo yìn(r)]
밥상	7	dining table	食事	饭桌 [fàn zhuō]
밥상을 차리다	7	set a table, prepare food	食事を用意する	准备饭菜 [zhǔn bèi fàn cài]
밧줄	4	rope	綱	绳索 [shéng suǒ]
밭	5	field, patch, farm	畑	田 [tián]
뱉다	13	spit out	吐き出す	吐 [tǔ]
벌리다	3	open	開ける	张开 [zhāng kāi]
벗겨지다	5	come off	剥げる	(被)脱掉 [tuō diào]
베다	18	chop up	切る	割 [gē]
베를 짜다	10	weave	旗をおる	织布 [zhī bù]
벼슬	2	crest, chicken crest	とさか	鸡冠 [jī guān]
변신하다	20	transform, change into	変身する	变身 [biàn shēn]
변하다	19	change	変わる	变化 [biàn huà]
보호하다	17	protect	守る	保护 [bǎo hù]
부딪히다	9	be bumped into	ぶつかる	(被)碰 [pèng]
부럽다	15	envy	うらやましい	羡慕 [xiàn mù]
부추전	18	scallion pan cake	にらのチヂミ	韭菜煎饼 [jiǔ cài jiān bing]

새 단어	단원	English	日本語	中文
북쪽	16	north	北の方	北边 [běi biān]
불길	8	fire way	火の手	火焰 [huǒ yàn]
불이 활활 타오르다	18	blaze	炎がぼうぼうと燃え上がる	形容熊熊的火焰燃烧起来的样子
붙다	11	stick	くっつく	粘 [zhān]
비실비실	9	totteringly, falteringly, staggeringly	よろよろ	半死不活 [bàn sǐ bù huó] 的样子
비추다	13	light on, flash	照らす	照 [zhào]
비치다	15	shine <in/into/upon>	(光が)差す	照射 [zhào shè]
빌다	4	pray	祈る	许愿 [xǔ yuàn]
빌리다	15	borrow	借りる	借 [jiè]
빠뜨리다	3	drop	落とす	把…掉进 [diào jìn]
뺏다	4	take away, snatch	奪い取る	抢 [qiǎng]
뽀얗다	12	white	(肌が)白い	白净 [bái jing]
뾰족하다	18	sharp	鋭い	尖锐 [jiān ruì]
사다리	1	ladder	はしご	梯子 [tī zi]
사라지다	16	disappear, vanish	消える	消失 [xiāo shī]
사랑에 빠지다	10	fall in love	恋におちる	坠入爱河(相爱) [zhuì rù ài hé]
사슴	1	deer	シカ	鹿 [lù]
사실	16	truth, fact	事実	事实 [shì shí]
사위로 맞다	9	recieve as a son-in-law	婿とし迎える	做女婿 [nǔ xù]
사윗감	9	groom	婿の候補	女婿人选 [nǔ xù rén xuǎn]
사이에 두다	10	leave something between	へだてる	把…放在中间
산속	4	in the woods	山奥	山里 [shān lǐ]

새 단어	단원	English	日本語	中文
살금살금	7	tip toe	こっそり	悄悄地 [qiāo qiāo de]
살짝	14	slightly	ほんの少しだけ	一点儿(形容很少) [yī diǎnr]
삼다	20	use, make	(〜に)する	当作 [dàng zuò]
삽	1	shovel	シャベル	锹 [qiāo]
새하얗다	20	pure white, snow(y) white	真っ白だ	洁白 [jié bái]
샘물	11	springwater	湧き水	泉水 [quán shuǐ]
샘이 나다	20	feel jealous	妬ましい	嫉妒 [jí dù]
생기다	11	come into being (existence)	できる	产生 [chǎn shēng]
생쥐	11	rat	ハツカネズミ	鼷鼠 [xī shǔ]
세상	1	world	世界	世界 [shì jiè]
세우다	12	found, build up	建てる	建立 [jiàn lì]
세월이 흐르다	18	with the lapse of time, time pass by	時が経つ	时间流逝 [shí guāng liú shì]
세차다	13	strong, severe	(風が)強い、激しい	暴(强) [bào]
소리를 지르다	5	scream	声を上げる	(闷得)大喊大叫 [dà hǎn dà jiào]
소머리	5	cow head	牛の頭	牛头 [niú tóu]
소변을 보다	2	urinate, pee	小便をする	小便 [xiǎo biàn]
소원	12	wish	願い	愿望 [yuàn wàng]
속다	6	be fooled	騙される	上当 [shàng dàng]
솔솔	11	smoothly	ちょろちょろ	渗[shèn] (形容泉水渗出来的样子)
솟아나다	18	spout, spring out	噴き出る	冒出 [mào chū]
쇠	11	metal	鉄	铁 [tiě]
수도	17	capital, metropolis	首都	首都 [shǒu dū]

새 단어	단원	English	日本語	中文
수숫대	4	millet stalk	もろこしの茎	高粱杆 [gāo liáng gǎn]
수행	17	ascetic practices	修行	修行 [xiū xíng]
순간	9	in a moment	瞬間	刹那 [chà nà]
숨기다	20	conceal, hide	隠す	隐藏 [yǐn cáng]
스님	17	Buddhist monk	お坊さん	和尚 [hé shang]
시간 가는 줄 모르다	10	be unware of passage of time	時が過ぎるのも忘れる	不知不觉时间就过去
시집가다	9	get married	嫁入りする	出嫁 [chū jià]
신기하다	3	amazing	不思議だ	神奇 [shén qí]
신단수	12	divine tree	神檀樹（シンダンス）	神檀树 [shén tán shù]
신도	17	Buddhist, believer	信徒	信徒 [xìn tú]
신라시대	17	Shilla dynasty	新羅時代	新罗时代 [xīn luó shí dài]
신하	6	servent	臣下	臣子 [chén zǐ]
실	16	thread	糸	线 [xiàn]
싹싹	14	earnestly	すりすり	形容求饶 [qiú ráo] 的样子
썩다	4	rotten	腐る	腐烂 [fǔ làn]
쑥	12	mugwort	よもぎ	艾蒿 [ài hāo]
쓰러뜨리다	9	bring down, knock down	倒す	(使)倒下 [dǎo xià]
쓰러지다	9	fall, come down	倒れる	倒下 [dǎo xià]
쓸쓸히	6	lonesomely, lonely	しょんぼりと	踽踽 [jǔ jǔ] (形容走路孤零零的)
아궁이	20	a fuel(fire)hole	かまど	灶坑 [zào kēng]
아깝다	6	to be a waste	惜しい	可惜 [kě xī]
아무것	13	nothing	何も	什么都[shén me dōu]

새 단어	단원	English	日本語	中文
아쉽다	17	be unsatisfied [discontented] with the lack [miss] of	名残惜しい、残念だ	惋惜 [wǎn xī]
아이를 갖다	12	conceive, have a baby, pregnant	子を授かる	怀孕 [huái yùn]
안타깝다	8	pitiful	気の毒だ	遗憾 [yí hàn]
야금야금	14	little by little; bit by bit; by nips	少しずつ	一点儿一点儿地
야옹	3	meow	ニャー	喵喵 [miāo miāo] (猫叫声)
어깨를 맞대다	10	shoulder to shoulder	肩をよせる	搭肩 [dā jiān]
어둠	13	darkness	闇	黑暗 [hēi àn]
어흥	4	roar	うおお	呜呜 [wū wū] (虎啸声)
억울ㅎ-다	14	feel pent-up [chagrined/ mortified/ mistreated]	無念だ(納得が いかない)	委屈 [wěi qu]
언덕	20	a hill, slope	丘	丘陵 [qiū líng]
얼른	3	quickly	素早く	赶紧 [gǎn jǐn]
여인	17	woman	女性	女人 [nǚ rén]
엿보ㄷ-	7	peep into, peek into	のぞく	偷窥 [tōu kuī]
영주人	17	Yeong-ju city	榮州市(ヨンジュシ)	荣州市 [róng zhōu shì]
영혼	19	soul, spirit	霊	灵魂 [líng hún]
옛날	2	past, once upon a time	昔	很久以前 [hěn jiǔ yǐ qián]
온	11	whole, entire	あらゆる	全(整个) [quán]
온몸	19	whole body	全身	全身 [quán shēn]

159

새 단어	단원	English	日本語	中文
왕자	3	prince	王子様	王子 [wáng zǐ]
욕심쟁이	3	greedy	欲張りな	贪心鬼 [tān xīn guǐ]
용	17	dragon	龍	龙 [lóng]
용감하다	13	brave, courageous	勇敢だ	勇敢 [yǒng gǎn]
용궁	3	sea god's palace	竜宮	龙宫 [lóng gōng]
용왕	6	the dragon king	竜王	龙王 [lóng wáng]
우렁이	7	freshwater snail	タニシ	田螺 [tián luó]
우물가	19	well side	井戸端	井边 [jǐng biān]
울음소리	5	crying sound, mooing sound	泣き声	叫声 [jiào shēng]
월식	13	lunar eclipse	月食	月食 [yuè shí]
육지	6	land	陸地	陆地 [lù dì]
은하수	1	milky way, galaxy	天の川	银河 [yín hé]
음매	5	moo	モー	哞 [mōu] (牛叫声)
의젓하다	17	mature	気品がある	堂堂正正 [táng táng-zhèng zhèng]
이렇게	15	so, thus	こうして	这样 [zhè yàng]
이르다	14	tell, say, squeal on	言いつける	告诉 [gào su]
이어지다	16	be(get) connected	つながる	连(着) [lián]
일식	13	solar eclipse	日食	日食 [rì shí]
임실군	8	Imsil county	任実郡(イムシルグン)	任实郡 [rèn shí jùn]
입에 침이 마르도록	6	speak something until one's mouth get dry, speak about something a lot	口がすっぱくなるほど	(说得没完没了) 口干舌燥 [kǒu gān shé zào]
잉어	3	carp	鯉	鲤鱼 [lǐ yú]
자기	15	(one's)self, oneself	自分	自己 [zì jǐ]

새 단어	단원	English	日本語	中文
자라	6	turtle	すっぽん	鳖 [biē]
잔소리	5	scold, reprimand	小言	唠叨 [láo dao]
잠이 들다	8	fall asleep	眠りにつく	睡着 [shuì zháo]
잡아당기다	15	pull	引っ張る	拉扯 [lā che]
장안	17	Jang-an	長安 (チャンアン)	长安 [cháng ān]
재빨리	6	quickly	すばやく	敏捷地 [mǐn jié dì]
저고리	20	cheogori; a Korean-style (short) coat (for women)	チョゴリ	上衣 [shàng yī]
적시다	8	wet	濡らす	弄湿 [nòng shī]
전라북도	8	Jeollabuk-do Province	全羅北道(チョンラブクト)	全罗北道 [quán luó běi dào]
전주	16	Jeonju	全州 (チョンジュ)	全州 [quán zhōu]
절대로	20	never, no matter what	絶対に	绝对 [jué duì]
정성스럽다	14	sincere, earnest, devoted	手間を掛ける	诚心诚意 [chéng xīn chéng yì]
제발	10	please	お願いですから	拜托 [bài tuō]
제사	14	memorial service	祭祀	祭祀 [jì sì]
조개	19	clam	貝	蛤蜊 [gé li]
조르다-	20	beg, ask	ねだる	央求 [yāng qiú]
조선	12	the Joseon Dynasty	朝鮮	(古)朝鲜 [cháo xiān]
줄줄	3	run down	だらだら	哗哗 [huā huā]
지구	13	earth	地球	地球 [dì qiú]
지나다-	16	pass by	過ぎる	过去 [guò qu]
지렁이	15	worm	ミミズ	蚯蚓 [qiū yǐn]

새 단어	단원	English	日本語	中文
지치다	13	be(get/become) tired	疲れる	疲惫 [pí bèi]
지키다	2	look after(mind) the house	守る	守(家) [shǒu(jiā)]
지팡이	8	cane, walking stick	杖	拐杖 [guǎi zhàng]
지혜롭다	18	wise, intelligent	賢い	(充满)智慧的 [zhì huì]
징그럽다	20	creepy, disgusting	気持ち悪い	令人恶心 [lìng rén ě xīn]
쫓아내다	18	drive out, expel	追い出す	赶走 [gǎn zǒu]
찌르다	18	poke, pierce	刺す	刺 [cì]
찍다	4	chop	突き刺す	砍 [kǎn]
찔끔	12	little by little, crying drop of tears	ほろり	(眼泪)一点儿一点儿地流
차다	15	wear ~	結ぶ	系 [jì]
차리다	14	set a table, prepare food	用意する	准备 [zhǔn bèi]
차지	11	possession, occupancy	所有物	占据 [zhàn jù]
찰싹찰싹	14	with a slap/spank	ぺちんぺちん	啪啪 [pa'pa]
참기름	4	sesame oil	ごま油	芝麻油 [zhī ma yóu]
참다	5	endure	耐える	忍住 [rěn zhù]
참새	14	sparrow	スズメ	麻雀 [má què]
창고	11	warehouse, storehouse	倉庫	仓库 [cāng kù]
창피하다	19	embarrased, shameful	恥ずかしい	丢脸 [diū liǎn]
찾아내다	6	find out	探し出す	找到 [zhǎo dào]
처녀	19	young lady, maiden	娘	姑娘 [gū niang]

새 단어	단원	English	日本語	中文
총각	9	bachelor, unmarried man	未婚の男	小伙子 [xiǎo huǒ zi]
총을 쏘다	6	shoot a gun	銃を撃つ	开枪(射击) [kāi qiāng]
추수	14	harvest	秋収	秋收 [qiū shōu]
치다	11	strike, beat	打つ	敲(摩) [qiāo]
칠석날	10	July 7th in the lunar calender	七夕の日	七夕节 [qī xī jié]
칡뿌리	20	arrowroot	クズの根	葛根 [gé gēn]
캄캄하다	13	dark	真っ暗だ	漆黑 [qī hēi]
캐다	20	dig	掘る	采 [cǎi]
쿵	9	thump, bang	どしん	嘭 [pēng]
탄생하다	11	be born	誕生する	诞生 [dàn shēng]
탈	5	face mask	仮面	面具 [miàn jù]
태백산	12	Mt. Taebaek	太白山 (テベクサン)	太白山 [tài bái shān]
톡톡	11	tap at ~ , sound of hitting lightly; tap-tap	こつこつ	形容轻轻地敲打的模样或声音
툭	15	poping sound, pop	ぽんと	气鼓鼓 [qì gǔ gǔ]
튀어나오다	15	protrude, pop up, pop	飛び出る	突出来 [tū chū lái]
파다	1	dig, delve, bore	掘る	挖 [wā]
파리	14	fly	ハエ	苍蝇 [cāng ying]
펼쳐지다	15	spreaded, opened	(目の前に)広がる	展开(展现) [zhǎn kāi]
포기하다	12	give up	諦める	放弃 [fàng qì]
폴짝폴짝	14	jumping up and down	ぴょんぴょん	扑腾扑腾 [pū tēng pū tēng]
하느님	2	god	神様	上帝 [shàng dì]

새 단어	단원	English	日本語	中文
하도	14	overly, very much	あまりにも	太 (非常) [tài]
한겨울	19	midwinter, the dead of winter	真冬	严冬 [yán dōng]
한밤중	18	the middle(dead) of night, midnight	真夜中	深夜 [shēn yè]
한숨을 쉬다	7	sigh	ため息をつく	叹气 [tàn qì]
함경도	19	Hamkyoung province	咸鏡道(ハムギョンド)	咸镜道 [xián jìng dào]
항아리	7	pot, jug, jar	つぼ	坛子 [tán zi]
햇빛	15	sunlight	日差し	阳光 [yáng guāng]
허리띠	15	belt, waist band	帯	腰带 [yāo dài]
허물	20	the outer lay of skin, the cuticle	抜け殻	表皮 [biǎo pí]
헤어지다	10	say goodbye	別れる	离别 [lí bié]
형벌	12	punishment, penalty	刑罰	刑罚 [xíng fá]
홍수	10	flood	洪水	洪水 [hóng shuǐ]
환하다	13	light	明るい	亮 [liàng]
후백제	16	Hubaekje	後百済(フベクチェ)	后百济 [hòu bǎi jì]
후회하다	5	repent	後悔する	后悔 [hòu huǐ]
훌쩍훌쩍	1	weep	しくしく	抽泣 [chōu qì] (形容不断抽泣的模样或声音)
휘감다	19	coil around	巻きつく	缠绕 [chán rào]
힘껏	13	with all one's strength	精一杯	用力 [yòng lì]
힘없이	9	feebly	力なく	无力地 [wú lì de]